新时期嘉定作家群
文学丛书

火车站

魏滨海——著

文汇出版社

新时期嘉定作家群文学丛书序

孙甘露

此次由文汇出版社出版的这套丛书,是在2010年,由上海文化出版社出版的《新时期嘉定作家群——资料卷、作品卷》的基础上,为进一步全面深入地回顾新时期以来嘉定作家的文学创作成就,以作家个人作品或作品集的形式,梳理展示嘉定作家在文学创作上的探索和贡献。同时,也令我们深思嘉定这一具有深厚的历史文化底蕴的古城如何在今日延续文脉,养育了风格如此多样的作家,他们的作品透露出对时代和生活的细致观察,叙事沉着从容,不为喧嚣的潮流所动,而角度和笔触又是迥异多姿。

此次收录文丛的殷慧芬、张旻、楼耀福、龚静、须兰、许佳、戴达、魏滨海、戴臻、陆棣、赖云青、赵春华、陶继明、葛秋栋、王威尔等十五位作家的作品,涉及了小说、散文、儿童文学等诸多领域,作家的年龄和创作经历也伴随着新中国的发展而来,他们的作品既表现了当代中国日常生活的巨大变化,也反映出时代变迁下不同阶层、不同领域的人群的内心生活的细微演化;同时,在不同时期和各自领域文学创作的流变中保持了敏锐的观察和高度的警惕,不为时俗所迷惑,又新意迭出,触动人心。深厚的生活积累和对文学历史的深入研究使这些作品周正、持重、谦逊而意蕴绵长。

对这些作家、作品的研读和品鉴，应该更多地着眼于上海文学乃至中国当代文学的视野中，更应该仔细地探寻滋养他们的嘉定的历史、文化、地理的特质和氛围。在某种意义上，特殊的地理位置，也使他们获得了有效的距离和冷静的观察，这种文学上的大城小镇正是孕育史上无数重要作家、催生重要作品的得天独厚的土壤。

正如许多专家、学者一再提及的，嘉定作为人文荟萃的名城，产生过钱大昕、陆俨少等著名的学者、艺术家、教育家等，我们深信，随着时间的推移，文丛所收录的嘉定作家的写作，会在历史的眼光中被不断地再发现、再阐发，也为后来者接续传统树立有益的典范。

2019 年 5 月 19 日

目录

001 **引言**
　　一种奇异的声音穿透迷漫
　　而纷杂的夜空，忽隐忽现地传来

004 **第一章**
　　我湿润的掌心攥着报名费，心里
　　像被塞进一团茅草，乱糟糟的

017 **第二章**
　　有时友情像这又黑又窄的楼梯，
　　一步步走着，一脚踏空就会摔到楼底

032 **第三章**
　　一群艰难而乐观的流浪少年，
　　沿着隆起的铁轨地基一路跋涉

046 **第四章**
　　奶奶说，凡是出现在孩子身上的错事
　　都怪不得孩子，都要怪大人

060 **第五章**
　　一辆客车朝着檀园驶来，
　　我紧张而又兴奋地朝约定地点走去

069 **第六章**
　　偶尔触碰到记忆深处某个细微的敏感点，
　　那些早已遗忘的便哗地全活了

086 **第七章**
　　捧着台钟一路小跑，
　　钟摆在我怀里像一颗叮咚乱撞的心

101 **第八章**
　　我一动不动，像生怕一不小心
　　弄出动静，惊飞一只彩羽小鸟

116 **第九章**
　　也许是我多疑，总觉得半掩的
　　黑洞洞的车门后有目光在向外窥视

134 **第十章**
　　虽然你没有说出来，但是
　　你的表情明显就是那个意思

148 **第十一章**
　　小石马昨夜站过的地方
　　印着五六只蹄痕，不深，但很清晰

160 **第十二章**
　　昏黄的街灯加深了周围的幽暗，
　　为我的思绪蒙上一层淡淡的忧伤

173 **第十三章**
　　没人感兴趣的事，不管开场如何风光，
　　最后往往连样子也懒得做

186 **第十四章**
　　一道黑影嗖地掠过，拳尖擦着我的脸颊，
　　划出一条冰凉又火烫的线

201 **第十五章**
　　窗外的站台好像装上了滑轮，
　　平缓无声地往后移，接着是花园、树木、房屋……

219 **第十六章**
这五个字,是从我内心深处冒出来的,
带着我深深的憋屈和愤懑

234 **第十七章**
他嘴角浮起来狡黠的微笑,可能
认为我这种诚恳态度多少带点表演性

247 **第十八章**
这突如其来的一道光,照亮之前
不在意的记忆,好些事此刻恍然醒悟

259 **尾声**
我怕小瑾从窗口看到我,或者从楼道出来,
打招呼还是不打招呼,都很尴尬

266 **后记**

引言
一种奇异的声音穿透迷漫
而纷杂的夜空，忽隐忽现地传来

深夜里，台钟嘀嗒声竟会变得如此响，把我从睡梦中吵醒。橙黄的木质钟箱端坐在柜子上，金属钟摆不停地摆动，它坚定、执拗、冷静，它摆幅不变、不紧不慢、不停顿不抢前。听着听着，恍惚以为它们来自屋顶的上方，有一把小锤在敲击。我担心声音会穿透墙壁，把邻居吵醒。

接着钟声响了，悠扬、清亮、绵长，在屋子的空间久久回荡，我脑子里会出现戏台上为官员出行鸣锣开道的当差，抡着胳膊敲响大锣，当、当、当……

窗外声音神秘而繁杂，田野里各种小生物叽叽促促的鸣叫，风穿越树丛发出的惋惜般的叹息，躲藏在角落或者墙缝的小虫低声吟唱。在这片音响的潮汐里，我时常听到一种奇异的声音，穿透迷漫而纷杂的夜空，忽隐忽现地传来。

声音仿佛来自遥远的地方，它时而明晰时而模糊，时而低沉时而尖利，时而出现时而消失。不，不是我的幻听，它是确确实实的存在。我排除一切杂音屏息细听，它大多是低沉、浑厚，偶尔也有几声怪叫。我张开耳朵像一台警觉的小雷达，追踪着每一个稍纵即逝的声音。

那是什么声音。我问弟弟。

什么声音，我没有听见。

你仔细听。

哪有什么声音，没有。

不知他是装傻还是真的听不见。

你听你听，又出现了，呜呜的。

深更半夜你烦不烦。弟弟一转身把背心给了我。

我静下心听，那声音消失了。不知过了多久，呜呜声又出现了，穿越一片噪声，接着是沉寂，很长的沉寂。

发出这种吼叫的是什么，会是某种动物吗。我鼓起勇气去问奶奶，奶奶在纳鞋底，她哧地将一根线拉起来，不假思索地说，是老虎。

这令我十分意外。我在图片上和故事里认识这种皮毛金黄、额头上呈现一个王字的威武而霸气的猛兽。在这个远离城市的平原小镇上，竟然可以听到老虎的吼叫，真是不可思议。

奶奶，老虎会到我们这儿来吗。

看情况，有孩子不乖，它就找上门。

我心里一紧，反省自己有哪些行为会招引老虎上门。从此我在夜里听到远方那种声音，就当作是老虎的吼叫。这么一想竟越听越像，以至于等那高亢或低沉声音过后出现的静默，我认为是老虎在趴着打盹了。

不过，关于老虎的说法，我一直心存疑问。

链接一：

从地理上说，今天上海市的大部分地区当年都有老虎活动的踪影。上海西北部的嘉定和宝山，南部和西南部的金山和松江，是历史上老虎活动最频繁的地区。老虎活动的纵深空间，与上海地区这种密布的河道、宽阔的水面有关，因为河道两旁居民较少，沿河一般灌木丛生，野草茂盛，便于老虎掩身。正德四年的老虎，从上海县一路到达今青浦地区，"北来横泖之上，水至而去"。崇祯四年的老虎，本来在"上海沙冈"芦苇中活动，后沿着黄浦江走，结果被人抓获。

地方史料《泖塔汇志》及嘉庆《松江府志》

链接二：

童年时候，我最早听见钢琴，就仿佛旧街陋巷的门前从天而降开来了一整列火车。它把我的家变成了一个从此向往着远方的荒凉站台。

庞培《歌抄》

链接三：

约瑟夫·哈里森先生用马车把福尔摩斯和华生送到火车站，他们搭上了去朴茨茅斯的火车。福尔摩斯沉浸在思索之中，一直过了克拉彭枢纽站，才开口说话。

阿瑟·柯南道尔《第二块血迹》

第一章
我湿润的掌心攥着报名费，心里像被塞进一团茅草，乱糟糟的

宏宝那天讲，小狗子胆子真大，趁火车停下的片刻，从打开的车窗的小桌上抢了半只烧鸡腿就跑，等他跑到树林里，一看鸡腿上全是人家咬过的牙印和唾沫。大家都哄笑了，小狗子跟着笑，管它呢，这烧鸡可真香。小狗子有个只有老师叫的学名，叫刘小汪。

我一点不惊诧小狗子抢烧鸡腿的举动，却惊异地问，什么火车，哪里有火车。我肯定是一副傻乎乎的样子。宏宝、小狗子、秦玉林和秦小林几个人都奇怪地看着我。小狗子说，当然就在火车站，你不知道南面有个火车站吗。

我真的不知道。我以为他们在哄我，便哼了一声，表示不相信。他说，你真的不知道吗。我反问，是真的火车站，有铁轨，有火车开来开去吗。他们哄然笑了，嘻嘻哈哈。好像我这话问得很傻。

我真的是第一次听说咱们云翔镇南面有火车站，而且他们说火车站的名字就是叫云翔火车站。

这事儿发生在三年级第一学期一个阳光微暖的课间休息。

教室外的走廊上站满了人，又轻又薄的暖阳照在我们身上，

照在冻了一夜的泥土上,泥土在融化,操场又湿又烂。广播操因此取消。

我被宏宝他们说的火车站弄蒙了,我有点相信,它像一阵轻风掀开了我藏在心里很深的一片疑云,刹那间,我几乎是灵感式地想起了多年来的疑云,就是夜里听到的奇怪的吼声。对,那正是火车汽笛声,火车汽笛远远传来,不就像一阵阵的吼声吗。

他们的话题已经转到了下一个,并且争论了起来。我还在想为火车站的事弄个明白,我提了几次,他们不搭理我,只有小狗子说,火车站没啥意思,那儿有个编组站有点好玩,好大一片,比我们操场大一千倍还不止。

我问宏宝,那个火车站真的存在吗。宏宝说,这有什么骗人的。他们奇怪我怎么会这么激动。

他们说,我们小时候就常去玩了。

我问,什么人都能去吗。宏宝说,都能去,又没人拦着,我们去捡煤渣、捡木料、捡铁钉,还能捡到……反正好东西太多了,我们还去捉鱼摸蚌,铁路边的野浜里蚌大鱼肥,还有野菱角。我真像是听到天方夜谭,将信将疑。他们还说,铁路上到处是宝,只要你弯下腰捡就是了,有人光靠捡废旧的道钉,一个多月就赚了十多元钱,比在厂里干活还多。

我一直以为火车站都在远方,要么在大城市,要么在矿区和林区,没想到云翔镇旁边就有一个。

我问,远吗,走去要多少时间。

宏宝说,远倒是不远,抓紧走一个小时能到了。

我心里没数,这算远吗。

这一天，火车站的事开始在我心里扎下根了，我一连好几天心神不宁，老是想着，想象着火车站的样子了，想象它的候车站台的模样，想象它长长的伸向远方的铁轨，想象着轰隆隆而过的火车。

我还特地找邻居秦老头证实。他是我认识的最见多识广的人，不过他的话里能拧出不少水分。他年轻时曾经外出跑过码头，我一直不知道跑码头是什么意思，觉得应该是一件周游四方的很浪漫的事。

秦老头说，噢，火车站，是有一个，不过是个小站。我当年去过的火车站可多了，远的有哈尔滨火车站、郑州火车站、南京火车站，近的有苏州火车站，那家伙气派可真是大，我那时……

我知道不刹住他会无限伸展开去，三分钟会扯到火星上去。

我说，咱们这个火车站应该也不错。

他摆摆手说，差远了差远了，它叫云翔火车站，不过跟咱们云翔镇一点关系也没有，话倒过来说，站是小站，我们镇的鲁镇长管不了它，就是县里的蔡县长也管不了它，地方上的领导人家不买账。

这么厉害呵，那没人管它。

有，铁路局，你听说过铁路局吗，那厉害了，直接归中央管。

这么厉害。你去过吗。我问他。他说，去过，当然去过。其实也没什么，一次是在很久以前了，还是在抗战时。他说在那儿看到过火车上装运的日本兵。他说火车站就两间房子，火车到这儿歇个脚，那儿挺荒凉的，没事谁去那儿。他说第二次去是接一个朋友。那有个铁路编组站，是火车的调配处，几十条铁轨，像布满的蜘蛛网,人如果穿过铁路,稍不留神就会被火车撞上。

我不以为然地说,人多灵活呵,火车来了一闪就能躲过。他摇摇头说,火车速度多快呵,等发现情况踩下刹车,还要冲上几百米,人根本来不及躲闪。每年都有人被撞死,牛呵羊呵的牲口被撞死的更多了。几年前听说有一辆汽车穿过铁路道口,结果被火车撞上引起爆炸,整辆车烧成废铁,车上的人全死了,火车只是蹭掉一层油漆。

我心里怦怦跳,火车站真像他说的那样危机四伏吗,火车真的那么可怕吗,它再凶猛也离不开轨道。

我观察下来,周围有人知道火车站,有人不知道,也有人不太清楚,他们都没把火车站当回事,因为它跟镇上人们的生活没有一点关系。

说起宏宝、小狗子、秦玉林和秦小林兄弟一伙,他们都是棚户区的,我们班里有十一个棚户区的,七个男的,四个女的。

我记得初次见到他们,那是学校第一天报到。那时学校还没有完工,空气中散发着浓烈的石灰和油漆气味,地上随处是丢弃的毛刷、残存泥浆的铁桶、空漆罐、碎砖。老远就听到教室里乱哄哄的,几十个孩子在里面,挤挤挨挨,推推搡搡,比早上的菜场还要嘈杂。走进教室,看到一个女老师坐在第一排的课桌前,在一本名册上登记着。她不停在挥着手大声说,没报名的站左边,报好的站右边去,快,快。这么简单的指令好些人就是不明白,像没头苍蝇似的团团乱转。

这些家伙将要成为我的同学吗,一个个像战乱中的小难民:有的脸色黧黑,蓬头垢面,衣着破旧;有的高出我半个脑袋,嗓子粗得像大人；有的长得矮小瘦弱，眨着眼睛，用油光光的袖口擦鼻涕。他们中有几个不知为什么争执起来，脱口而出的话我竟然好多听不懂，我知道那都是骂人的脏话，是用流利的方言讲的。我顿时明白，他们来自名声不太好的棚户区。关于棚户区孩子的种种劣迹我早有耳闻，说他们野蛮、打架、偷窃、肮脏等等，一般本地人家都不让孩子与他们往来。

其实所谓棚户区是在镇西河边那一片歪歪斜斜的几十户旧房子，草棚几乎没有了，经过改建都用上了黏土和煤砖，屋顶也铺上了白铁皮和油毡。但镇上人习惯称之为棚户区。这儿居住的大都是贫困的做苦力的人家，男人多干搬运、拉车等重体力活，女人多在工厂或者食堂里打杂，年纪稍大点的整天在堆料场和垃圾堆里捡东西。他们的孩子从小到处游逛，捡东西，还干些顺手牵羊的勾当，要不是镇政府几次三番上门动员，家长不让他们进学校读书。

瞧瞧，我要与这帮家伙一个班里，还读什么书。

我木讷地站着，将要交付的报名费在湿润的掌心攥着，对上学的那么一点憧憬和新奇感早已荡然无存，心里像被塞进一团茅草，乱糟糟的。还有一些孩子穿着缝洗干净的旧衣服和带补丁的衣服，他们黑黑的脸膛告诉我，他们是农村来的。镇上的孩子一眼能看出来，他们不拘谨，两手插在口袋里站在一边，两眼转来转去，微微皱着眉头。

这一年正好是入学大高峰，也就是说许多家长都不约而同地在同一年生孩子，一到入学年龄，镇上的两所小学不够了，再加上城里一个金星机械设备厂搬迁来，数百个职工拖家带口下来了，镇政府让他们的子女优先入学。云翔镇去年只有两所小学，一所是镇中心小学，另一所是怀少小学，都爆满了，直接把我们这些学龄孩子挤掉了。

于是政府匆匆忙忙建造了这所民办小学。

整所学校只有六间教室和一间教师办公室，教室里课桌和凳子全是旧的，它们大小高低不一，有的明显是用旧的茶几或板箱改的。桌面凹凸不平，不用衬板笔尖会将纸张戳出窟窿，有的还有香烟或者熨斗烫过的焦痕。讲台也好不了多少，桌面是棕色的旧木板，三条桌腿是栗色的木料，一条却是白色的木料，一看便知它们分别来自各不相干的器具。

唯一的优点是它靠近檀园。这檀园是要门票的，但我可以说，镇上的孩子去玩，没有一个花过一分钱，对我们来说，檀园周围处处都是或明或暗的通道。

一开始我跟棚户区的同学不接触，过了一段时间，慢慢地和他们熟悉了，再后来成了好朋友。你跟他们熟了，会发现他们并没有外面传说的那么可怕。

班里棚户区的同学年龄都比其他同学要大出两到四岁，最大的是宏宝，比我大出四岁，个头也高出我半个脑袋，膀粗腰圆，他是棚户区一帮人的头儿，还有小狗子、秦玉林等。棚户区的女生却出奇安静，她们书包里带着手工活，即使下课的几分钟间隙，她们也赶紧掏出竹针编织毛线，有胆大的上课时一面听课一面两只手在桌子下面悄悄干。有的老师睁一眼闭一眼，有的老师会上前收掉，于是她们就哭鼻子，一直哭到老师还给她们。我听说她们家里等着这些毛衣毛裤，不织好的话，一入冬家里人就没得穿。

听说宏宝、小狗子、秦玉林他们以前打架出手如何野蛮如何狠，有些个头比他们高一头的年轻人也被他们揍得抱头窜逃，我想，以后与宏宝在一起，与别人有冲突就不用怕了。

我一心想着火车站。这个小镇太乏味了，我想亲眼看看火车，看看我只在图片和电影里看到的火车。我特地找到那条去火车站的路，它在镇外公路的一个分岔处，路口不大，很容易被人当作去某个村庄的路。我想起山东的大伯，多年前他来过，说是坐火车来的，我想他应该是从这条路上来的。他扛着行李挎着包袱，穿一身黑衣裤，带着一股呛人的烟味，包袱里是一摞高粱饼和一袋红枣。

而夜晚的声音，我确认是火车汽笛，虽然声音传来有点变形，但还是能分辨出来。

我对奶奶说，夜里的老虎还在叫。

什么老虎。她没听明白，疑惑地看着我。

你说夜里有老虎叫，那真是老虎吗。

我可没工夫跟你烦。

奶奶看看我，知道我是在故意气她，她气呼呼地说，你不信，你去试试。厨房传来水开的声响，她走了进去，又丢出一句，你去试试。

我说，去哪里呵，真怪。我不明白奶奶怎么发这么大的火。

我跟她说了火车站的事，她冷冷地说，知道了。过了几天她说起，听说铁轨上又有人被火车轧死了，后来又叨叨，她说听到救护车哇哇地开过，是有人从火车上摔下来了，脑袋上血哗哗地流。我瞪大眼睛表现出惊讶和害怕，让她觉得有效果。奶奶不全是凭空瞎编,只是某个细节被她放大了,一次事故,她以不同的方式和角度讲述,巧妙地变成几次事故。

我是想去火车站,可是没时间,因为白天要上学。

不知哪个家伙灵机一动把民办小学叫成了檀园小学,听上去一下子高雅起来了,光听校名会以为这是一个历史悠久的园林式老学堂。这个新校名在同学中一阵风地传开了。时间一久,同学们都叫顺口了,都把民办小学叫成檀园小学,甚至还堂而皇之地填写在各种表格上。一次校长在早操训话时,竟脱口说,我们檀园小学的——老师和同学起先还怔了一下,接着全场都笑开了,笑得非常开心,校长也摸着下巴嘿嘿笑了,然后握起拳头捂着嘴干咳。校长姓章,一个很和蔼的中年人,身体瘦弱单薄,可能是肺或者气管有病。他训话时说话慢吞吞,和颜悦色,还时不时冒出一两句笑话,他的笑话乍一听没啥,回头一想,越想越好笑。

校长训话时,所有的任课老师都站在班级的队伍后面,只有李教导一个人,背着手在校长后面,他的面孔板板的,好像台下人都欠他钱不还的。他两眼在人群里扫来扫去,很是威严。有时校长正在说话,他突然指着下面吼一声,那里,不要说话。于是全场一片噤声,朝着他指的方向看去。我们以为他的职务只比校长小,比其他老师都要高。出于某种对他的反感和某种想刺激他的心理,我们有时会借着校长的一句玩笑话,哈哈大笑,笑得十分夸张,咯咯咯、哈哈哈。大家心照不宣地大笑,就是为了激怒他。果然,姓李的脸色涨得紫红,怒不可遏,仿佛肺泡随时会憋炸了。他不满地看着也在微笑着的章校长,好像在责怪章校长造成的这个局面。他越生气我们越开心，笑得越夸张。有一次秦玉林笑得过了分，结果呛得咳起来，咳得脸色苍白，双目紧闭。姚老师慌了，上来帮他捶了好一会儿背才算歇下来。我至今没弄明白那是不是他装出来的。

后来知道，姓李的他不上课的，专门安排调度课程，有人说他是教导，大家就叫他李教导，他也答应了。我发现在学校里不上课的比上课的地位高。

在班级里棚户区的同学缺课多，老师对他们不太认真追究。宏宝说他们不是去玩的，家里柴火不够了，鸡鸭没有饲料了，或者要弄点零花钱什么的，他们有时候就去火车站。宏宝说捡煤渣是他们主要的活儿。火车跑了一长段路就要停下加水，加煤，客人上下车，这时要将炉中的煤渣卸到车头下面的铁轨间。那冒着腾腾白汽的煤渣引来守候已久的孩子们，他们争先恐后钻到车头底下，用铁耙子扒开，将没有烧尽的煤渣捡出来放进篮子。火车头烧的煤是优质煤，煤渣质量好，回家后烧炉子，火呼呼往上蹿。而运煤车运的是烟煤，在炉子上烧冒干烟，一般家里是不用的。沿着铁路一带有好多树林、坡地、池塘、草地以及废钢铁废木头的堆场，有时偶尔还会捡到火车上掉落的东西，到处都是宝贝。他给我看一叠火车站捡来的香烟纸，都是我从来没有看到过的好牌子，一张比一张出彩，印着猴子、宝塔、大桥、花朵、翠鸟、猫咪、宝石、绿叶、铁塔等等。他说就是在车厢和铁轨边捡到的。我的香烟纸都是大路货，唯一一张我当宝贝似的破旧不堪的珍珠鱼的烟纸，是我用两枚铜板从一个中年人手里换来的。想想南来北往的旅客都在火车上，甚至还有外国人，什么样的香烟没有，这香烟纸又让火车站添了一层诱惑。

火车站真的很危险吗。

宏宝跟我低声说，火车危险极了，小狗子的妹妹就是被火车轧死的。

真的吗，我真不敢相信。

宏宝说那是一列客运列车，在站上停一停，时间很短，它卸下了一堆煤渣，大家知道它就要开走的，没有人钻进车肚底下，只是哄上去，蹲在外面用耙子往外扒，扒到跟前算自己的，等火车走了再捡。小狗子的妹妹本来是跟来玩的，她不会捡煤渣的，那天不知怎么一个人钻了进去。火车启动时鸣笛几下，大家一哄而散，她钻在里面没听见。等有人发现车下有人，拼命喊叫，火车已经开动，开了三四十米。那天小狗子不知道到哪儿去了，四周不见他的人影。等他闻讯赶来，死去的妹妹已经被人抱出来放在平台上。小狗子一看吓呆了，然后撒腿就跑，他不敢回家，怕被父母揍死。后来被大家在编组站后的一个村庄里找到的。他躲在牛棚后面的草堆里，在嚼着干糕和酱黄瓜。那是农民晒在家门口的。

小狗子是棚户区一伙里长得最矮小的，也是最邋遢的。他可能不太洗脸的，两颊一直灰黑，耳根后面一片黑垢，像两块淡黑的疤痕。同学时常取笑他，他也不在乎，不知为什么他不去搓掉。方老师刚当班主任时，从办公室拿了一块肥皂，领他到自来水龙头前，亲自按着他的头又搓又洗，搓得发红，那黑垢才洗掉。没了那黑垢，他看上去不像小狗子了。没过多久，那局部地区的积垢又深起来。我弄不懂，积垢在他身上怎么起得那么快。

小狗子还有一点让人不明白，他整天迷迷瞪瞪似睡非睡，上课似听非听，下课也不跟人打闹，老是打不起精神的样子。想到他妹妹是被火车轧死的，我对他总有一种说不出的感觉，也许是同情吧。

我要去火车站，总要找个理由吧。我对奶奶说，铁路上有很多煤，去弄点来烧烧，比买来的煤粉要耐烧，买煤还要凭卡限量。奶奶很干脆地说，不需要，家里的煤够烧了。我说，够用了为什么做煤饼时，往里面掺黄泥。奶奶重复一句，家里不缺煤，买米买煤买油的钱你爸妈都给我了，你读好你的书，这些事不用你操心。我说家里的钱能省一点就省一点。奶奶不耐烦了，跟你说了，不该你操心的事不用你瞎操心。

我还想另外约几个朋友一起去，问了几个人都对火车站没有兴趣，他们被宏宝他们讲述的惊险情节吓坏了。

我一直跟着宏宝，像他的保镖，我想好了，第一次去火车站要跟着他去，一个人去真的有点害怕。

我不止一次地问，什么时候跟你到火车站去玩玩。

他也是老话，那有什么好玩的，又脏又累。

我一次次地说，他看我态度坚决，说好吧，到时候叫上你，其实真没啥好玩的。

他总算答应了，虽然看上去多少有些勉强。日子一天天过去，我在等着宏宝的通知，不知他是忘了还是没空，一直没有来约我。在我的眼里，宏宝是大人，比我懂事，他膀大臂粗，从不欺惹人，心也挺细的，对老师和长辈特别有礼貌。

一个学期一晃过去了。

宏宝似乎忘了他的承诺。我催问他几次，他总有理由，一会儿说自己家里有事好久没去火车站了，一会儿说这阵子铁路上管得紧，不能去，一会儿又说他刚去过，是临时被人叫去的，这还得过一阵才能去。我开始怀疑他的诚意了。他说小狗子去得多，你去跟他说说。

我要跟宏宝去火车站的事，不知怎么被奶奶知道了，我是听奶奶唠叨时敏感地听出来的。肯定是弟弟多嘴。我和宏宝的关系是弟弟引以为豪的，他常常跷起大拇指对人说，我哥哥和宏宝以兄弟相称，宏宝也是我的大哥。他这是狐假虎威，以此壮胆。我早知道弟弟这人靠不住，一天他当着我的面跟奶奶说，你知道天帆他动什么脑筋，他想要去火车站玩。

奶奶没好气地说，他想去哪儿就去哪儿，我不管。

那我也要去。

你也去，你试试，打断你腿。

那你怎么不管他。

我谁都不管，我管不了你们。

弟弟哭丧着脸。

我在一旁窃笑，这是告密的好处。

链接一：
现在，火车站正是点灯的时候。

山上火车站的灯光，是成熟了的柿子的颜色，稍离远一点望去，会令人突然怀恋得要哭泣。车站上，长长的货车，像睡着了似的停着，已经有一个小时不动了。

安房直子《萤火虫》

链接二：

喜气洋洋的休假士兵，带着塞得满满的大包裹，走下车厢。同往常一样，月台迅速变得空荡荡的。有的车窗前，站着几个姑娘或妇女，或者一个缄默异常、面色阴沉的父亲……那洪亮的声音正在催促人们赶快上下车。

伯尔《列车正点到达》

链接三：

火车驶来，静止在铁路旁的观察者处汽笛声调是升高还是降低，应视具体情况而定。从火车司机处了解到：火车往往是到达道口、桥梁、隧道等处发出汽笛声，以提示别人它的到来，拉响汽笛并不意味火车要加速；拉响汽笛时，大多数情况下火车的速率是不变的。可以相信：火车驶来时，我们听到的汽笛声调往往是降低的。

陈立学《火车驶来时汽笛声音调变高吗？》

第二章
有时友情像这又黑又窄的楼梯，
一步步走着，一脚踏空就会摔到楼底

我知道火车的威力，它是一座座钢铁的山峦，轰隆隆驰骋千里，具有惊心动魄的气势。我始终不相信它的危险性，至少认为它不会离开轨道横冲直撞。

我迷上了火车和与它相关的一切。银幕上出现宛如长龙的火车，我的心跳不由得加速，紧紧盯着火车每一个细节；我为在行进的车厢顶上敌我双方展开的搏斗而激动，为在敌机的轰炸和扫射下穿梭前行的列车而紧张，为飞身跃上疾驰火车头亲自驾驭的勇士而感叹，甚至为轻轻摇晃的车厢里的安静氛围而着迷。我觉得在广袤的原野上和崇山峻岭之间穿行的火车，就像写在大地上的一首舒缓飘逸的诗行。有时银幕上闪过一个简陋的火车小站，我不由得想起小镇南面那个我还没见过的火车站……

火车还出现在我的梦里。梦里的火车朦朦胧胧，像行驶在一片浓重的雾霭里。许多梦境是电影和图书里一些场景的变异，惊险而荒诞。记得梦见自己乘坐的火车离开铁轨飞入云层里，从车窗往下看，厚厚的白云像棉絮，吓得我惊醒。更可怕的是，梦里看到一列火车，开近了着实吓了一跳，火车头竟然是一个庞大的老虎头，凶狠而可怖，车灯竟是两只发红的虎眼，一声声咆哮……

我知道许多火车的知识，譬如火车经过时人为什么不能靠得太近，为什么火车启动时会抖动一下，为什么铁轨和铁轨相接处要留一点间隙，为什么耳朵贴在铁轨上能听出远处是否有火车开来等等。这些知识宏宝他们不知道，他们对这些知识不感兴趣。

我几乎没有离开过云翔镇，对小镇我太熟悉了。在上学前以及在上学后的空闲时间，我做得最多的事就是在小镇上到处乱逛，整个小镇几乎没有我没到过的地方；小镇的每个角落、每个胡同、每个水桥，都充满了古老而神秘的气息，蕴藏着许多隐秘的传说，就像一只只雨后树林里钻出泥土的菌类。尽管如此，镇上尽是陈年烂谷子的旧事，火车站却是一个通向远方世界的入口，充满了新鲜活跃和无穷的想象；那儿的汽笛在召唤我，一声声在我耳边缭缭绕绕，好像说来吧来吧。

弟弟认定我是胆小鬼，他对我越来越不尊重。这都怪我自己，常常跟他说要去火车站，却一直没有付诸行动，让他小看了。

奶奶在门外大声说，帮我看看几点了。其实她一转身就能从窗口看到屋子里的台钟，可她宁愿叫屋里的人帮她看。在得到回答后，她站起身来拍拍衣襟，自言自语地说，该煮饭喽。

弟弟一听到奶奶问，抢功似的盯着台钟看，看了好久说：奶奶，短针在十过去一点点，长针在六不到一点点，不，比一点点多一点。弟弟总的说是伶俐聪明的，但看钟表这事他老是学不会，不知教了他多少遍，他还是搞不明白。

我对他说，十点二十七分。

他不高兴：什么二十七，你别蒙我。

连个钟点都看不懂,真够笨的。我心里想着,不料将"真够笨的"四个字脱口说了出来。

弟弟一听急了,谁笨呵,哪像你,长这么大了你钓到过几条鱼,你钓鱼,人家钓十几条,你总是空手回来,这不笨吗。他继续说,你那么笨的脑子还想到火车站去,火车一来,你肯定跟傻瓜一样,怎么躲都不知道。我冷冷地说,我不想认真钓鱼,因为不喜欢钓鱼。这是实话,我眼睛看水上浮标的时间一长就会感觉晕晕的,就要去看看四周来缓解一下,看看旁边三角形的野菱叶,寻找菱叶下面的菱角,或者循着茂密的水草,想抓只呱呱叫的青蛙,我还会被水里变幻无穷的云影吸引,想象它们是各种各样的动物,因此鱼饵常常被鱼不知不觉咬掉。但是去火车站是我向往已久的事情,我会认真的。

我曾经悄悄地有过一次半途而废的行动。那是一个星期天,我准备一个人去火车站。我想好了,我只要到达火车站看一眼,不在那里多逗留,就赶紧回来。我什么人也不告诉,争取悄悄地去,悄悄地回。

我一早就出门,跟家里人说,去镇文化馆玩。奶奶和弟弟都没有生疑。我走到公路上,走到那个通往火车站的路口,我在那儿站了一会儿,为自己鼓了一下勇气,然后朝着火车站方向走去。这条路的两旁是茂密的树丛,树丛后面是一条宽宽的水沟,这些水沟不像是人工开挖的,混浊的水里布满了水藻,一看就知道里面有鱼。我在想什么时候约些伙伴一起来抓鱼。

时间不急,我慢慢走着,一边好奇地打量着周边,朝前看由于路是弯的,正前方都被树挡住了,什么都看不见。偶尔有一两声火车汽笛传过来,听上去好像还是蛮远的,这让我多少有些担心。

突然,我听到后面有人在叫喊。

我回头一看,后面什么时候跟着一伙人,有六个人,大约是五六年级或者初中生的样子。我从来没有见过这些人,在镇上也没有见过这些人。我在想他们是不是火车帮的,但不像,火车帮的人出来一般都是骑自行车的。要不就是白鹤帮或者渔村帮的,白鹤帮是白鹤新村的,渔村帮是渔民新村的,他们都是住在云翔镇的外面,自成一个小社会,平时在镇上很少遇到他们。

这些人都是以打架出手凶狠出名,特别是白鹤帮的。

我看到他们一伙晃晃悠悠地走来,有的拿着长长的鱼叉,有的提着湿漉漉的布袋,有的拿着一根竹竿,在空气中呼呼挥动。

喂,叫你呢,你耳朵聋了。他们这是朝我喊。

我心里一紧,今天糟了,这帮人看样子来者不善,他们也是去火车站的吧,遇到他们肯定没有好果子吃。我在考虑怎么办。

后面又在叫了,喂,你怎么还不停下来。

我站停了,回头朝他们摆摆手,表示不认识他们。

他们说,过来。

我有一种孤立无援的感觉,如果这个时候跟宏宝他们走在一起有多好,他们看到棚户区的人肯定不敢怎么样。我摸摸口袋,里面有几颗簇新的水晶弹,还有五分硬币,三张香烟牌,这些东西肯定会被他们收走,说不定我还会被无故揍几下。

我的脚步放慢了,看到他们在赶上来,我想,我不能被他们抓到,我要离开他们。我不由得脚步向前挪动。他们喝道,停下,我们要不客气了。在这个前不着村后不着店的地方,连一个劝架的人也没有,落在他们手里只能白白吃亏。

我一看架势不对,加快脚步往前走,我在想,我去火车站方向,他们也去火车站方向,他们正好追上我,想到这里,我瞅准树丛里的一个空当,一步跃过宽宽的水沟,沿着横向的一条小道飞跑。几块石块和泥团啪啪地在我身后跳动,在我耳边呼呼擦过,我撒腿往前飞奔,不顾脚下的水洼还是泥坑,能跨就跨,能跳就跳,跌跌绊绊,水花飞溅。好在我跑步快,很快拉开了距离。我感到脱离了危险,也放慢脚步,停下来喘喘气,我听到他们的叫声和骂声落在后面。我回头看,在树丛的空当处,露出两个脑袋,朝我挥挥拳头,然后消失了。

我呼呼喘着粗气,决定放弃去火车站的打算,这时,前方传来三声高亢的汽笛声,接着是一阵阵火车吭哧吭哧蒸汽机喷的声音,非常清晰,仿佛近在咫尺。仿佛在召唤我回去,可是我不能去了。

我沮丧地、无奈地朝着家的方向走去。

我跟宏宝说起去火车站,半道上遇到白鹤帮的人,他很惊讶,他说那伙人从前跟他打过架的,结下仇了,我说是不是我跟你们一起玩,被他们当成棚户帮的人了。宏宝可能被我的遭遇打动了,说下次我们带你去吧,你一个人去不太平。

这次经历让我真切感到,去火车站是一件冒险的事。现在社会上那些成帮成群的人,有些看上去只是一些小孩子,但是他们胆大心齐,打架出手凶猛,像棚户帮、白鹤帮、渔村帮等等,还有火车站的铁路帮,铁路帮最厉害,他们都是铁路员工的子弟,平时骑着自行车出来,威风凛凛,没什么人敢惹他们。

我跟棚户区的人在一起玩,我算是一个有帮派的人吗,也许有人认为我是棚户帮。

在班里,我跟吴林贵也交上了朋友。他是一个衣着整洁、话语不多,跟谁都保持一定距离的同学。我细心观察发现,他基本不去搭理那些穿着破旧、满口乡下话的同学。他脑子好,读书不怎么用功,可是老师讲的他都懂,做作业的速度也奇快,而且答案基本上是准确的,就是字迹太潦草。他的字其实可以写得很好,但他就是不肯写端正。抄他作业的人,认不出字问他,他会很不耐烦地说,看不出就不要抄。我认为他反感别人抄他作业,故意写得潦草,让别人看不出来。

我跟他说起火车站,他听了神情淡漠,好像火车站对他来说一点也不新鲜。我问你去过吗。他说没有,去那儿干什么,一个小站,有什么好玩的。我说,肯定好玩,一列列火车从很远的地方开来,又开到很远的地方去,都要在这儿经过,有的还会停下来,听说棚户区的同学常去,会捡到好些稀奇古怪的东西。他说,他们是捡破烂,因为家里穷到那儿去捡破烂,我才不需要。他这么一说,我愣住了,他说的似乎有道理,但我又不十分认同,我家里不穷,我想去火车站,不是去捡东西,只是想看看火车,开开眼界。他既然没兴趣,我不再跟他提火车站的事了。

吴林贵跟我交朋友的原因之一,是他认为我是街上人。他说,班里那些家里条件差的同学都脏兮兮的,在怀少小学和中心小学,像他们这么破这么脏是连校门也进不去的。再说,这些人素质一塌糊涂,棚户区那些人,随地吐痰,年纪小小哪来那么多老痰,还用袖口擦鼻涕，擦得油光锃亮，身上散发一股怪味。好恶心。

也许我跟他们在一起厮混久了，习惯了，闻不出吴林贵说的他们身上的那种怪味。

看得出，吴林贵把我作为他的好朋友。他带我去他的家做作业。他的家在全镇最热闹的商业街上，一楼是棉布店，二楼就是他家。上他家要穿过五颜六色的棉布柜台，绕过布店高高的账台，转过一个暗门，走上一段窄窄的木楼梯。我第一次去感到特别好奇，问他店里的东西你能不能随便拿。他说这个棉布店从前是他家的，现在是公家的。我想他家一定很有钱。他家离镇中心小学很近，他怎么会舍近取远到民办小学去。他说没办法。口气里是一百个不乐意。我扶着摇摇晃晃的梯子进入他家，看到的全是又旧又老又笨重的黑红色的家具。他告诉我这都是老红木的。我哦了一声，我不懂这老红木的意思，猜想它一定很名贵。不过它们给人的感觉很是沉闷，整个屋子也显得幽暗，即使大白天外面阳光明亮，屋里也好像恍惚在傍晚时分。地板踩上去有软软的弹性，仿佛踩重一点会把地板踩穿，掉进楼下一捆捆棉布堆里。

吴林贵有个读中学的姐姐。墙上的镜框里大多是他姐姐的照片，他姐长相一般，也不难看，瘦瘦的。吴林贵的照片不多，一张是他的婴儿照，一张是和姐姐一起拍的，样子呆呆的。有一张俊美的年轻女人照片，那一定是他妈妈，就是没有看到他父亲的照片。他从来没有跟我说起过父亲，我几次想问，一转眼就忘记了，后来也不问了。估计已经不在了。他家里有好多有趣好玩的玩意，譬如有个万花筒，我每次上他家总要拿起来转着看，我想不明白里面怎么会变出那么多色彩绚丽的漂亮图案。吴林贵说里面的图案永远不重复，我不相信，老是在转呵转，想找一幅相同的图案。长长的硬纸筒在旋转时发出哗啦哗啦的声音，像有许多小珠子在里面滚动。真是个小魔筒。我有一种将它拆开一探里面秘密的冲动。

我问能否借我带回家玩一夜，吴林贵说这是他姐姐亲手做的，不能借出去。他家还有一只四方形盒子状的西洋镜，那是个密闭的纸盒，上边开了个小孔，对面是透光的磨砂玻璃，凑在一个小孔上能看里面的画片，用手转动盒子边上的小木棍，里面的画面就升卷上去，下面新的图画展现出来。画片是一些小连环画和小漫画，内容没什么新奇的，可是用这种方式看，有一种奇特的感受。他说这也是他姐姐做的。

他家里最吸引我的是那支挂在墙上的电动玩具冲锋枪。我一进他的家目光就没法离开它。它跟真枪差不多大小，枪身是铁皮的，枪托油漆是仿木质的花纹，枪管是深蓝色的，方形的枪管上有一格一格的散热孔，散热孔是红色的玻璃片。吴林贵说，装上电池，一按扳机，它会哒哒哒响，散热孔发出闪闪的红光。这么高级的冲锋枪我之前从来没有看到过，整个云翔镇我敢说没有第二支。

这支枪吴林贵不肯让我玩，一点商量的余地也没有。我曾恳求他只打"一梭子"，吴林贵坚决回绝了。他甚至不肯把枪从墙上摘下来。他说打"一梭子"，就是扳一下扳机是很费电的。电池很贵。在他家我的眼睛离不开墙上的这支枪，能够玩一玩它，成为我去他家玩的最大的愿望。

有一次我实在忍不住自己的好奇心，趁吴林贵不注意，上前悄悄地把枪取了下来。我的手触碰到凉凉的枪管，猛听到背后一声大喝，放下，你要干什么。我吓得一哆嗦，手中的枪差点掉在地上。吓得窗口屋檐上的麻雀，全都扑棱棱飞起来。我十分尴尬地回过头去，面部肌肉都僵住了，笑也不行怒也不行。吴林贵二话不说，冲上来把枪夺了过去。我结结巴巴地说，我、我只是在、手里、拿一下，不会弄坏的。他一句话不说，气呼呼地把枪又挂回墙上去。

他站着好像想说什么，又一言不发，大家都觉得不知说什么好。我说了一句，我只是拿在手里看看，不会弄坏的。他说，这支枪我从来不让别人碰的。他也许也觉得自己有点过分，拿出几张风景画片，问我要看吗？他把这些画片摆成扇形展开，我一眼看去，全是外国的风景画片，有牧场、雪山、小木屋、林中空地、尖顶教堂和遍野的鲜花。他家里那些稀罕玩意，他总会出其不意地亮出来。我还在为拿枪的事气恼，虽然我不该自己动手去取枪，但他的举动也太过分。一支玩具枪，玩一玩会坏吗？我摇摇头，表示对风景画片不感兴趣。

冲锋枪我就这么碰过一次，它比想象中的轻，吴林贵再没有把它取下来，我也没有再碰过它，更不要说打"一梭子"了。我每次去总是以羡慕的目光看着它，用目光抚摸它的枪托、枪管、弹仓、扳机，想象着它在我手中哒哒哒的红光闪闪的威风，吴林贵肯定有觉察，但他装着没看见。吴林贵在班级里不跟其他人交往，家里这么多宝贝也不跟别人提起，特别是那支电动冲锋枪，他从没有跟别人提起来显摆显摆。

我却在班里跟同学们说起了这支枪，绘声绘色地讲这支枪如何如何好，全钢的、全仿真、全自动，说着说着就过火了：一按扳机，枪管就喷出团团火来。大家没人相信，这些人平时玩的是弹弓、玻璃弹子、香烟牌子、木头手枪等等，哪能想象电动冲锋枪。有人还质疑，那不危险么，喷出火来不会伤人吗？我一时无法自圆其说，也许……当然这火并不是真的那种烫人的火，是一种发光而不烫的火。大家都说我吹牛，拉着我去问吴林贵。

没料想吴林贵淡淡地说没有那回事。同学们都对我起哄，说我是吹牛大王。我又气又恼，我的讲述是有些夸张，但这也是夸他吴林贵的东西，是为他增面子，他倒好，一口否认，好像是我在凭空捏造无中生有。

我问吴林贵，是不是我吹牛，你说。没想到吴林贵挤出一个笑，不说有也不说没有。大家又冲我嚷起来了，吹牛吹牛吹牛。我气呼呼地瞪了吴林贵一眼，苦于无法证明自己。那支冲锋枪挂在他家墙上，他不拿出来，我怎么说也是无济于事的。

他说他家的好多玩意是他姐姐做的。他姐姐是一个清秀文弱的姑娘，她的左颊下面有一块淡红的胎记。她很少说话，总是趴在一张有椭圆形镜子的雕花梳妆台前写字、看书，或者用糖纸折叠花卉、喜鹊、灯笼、猴子、船只，很精致，她将它们一一挂在蚊帐的挂钩和电灯的拉线上，挂一阵子换一批新的。每次家里都被她布置得面目一新。她还收集糖纸，桌子上的几本书里夹着许多漂亮的糖果纸，每一张都压得平整光洁。她的女伴也多，有时来两个有时三四个，都不怎么有声响的。她们在屋里一起做功课，有时凑在一起嘀嘀咕咕，我听不清她们说什么，时而突然发出咯咯的笑声。她们从来不理我们。在这幢摆满红木家具的有些轻微晃动的老楼房里,这些女孩的动静让我感到一种新奇和神秘,说不清原因,也许是与有些压抑的气氛有关吧。

吴林贵妈妈就在楼下布店上班,吴林贵经过时叫了一声妈妈,一个妇女应了声,柜台里三四个穿着相同工作服的妇女,年龄长相差不多,我出于难为情低着头匆匆走过,一直没有认出哪个是他妈妈。

班里的李小琳跟我同桌,她是吴林贵对门的邻居。她喜欢背后议论人家,像那些家庭妇女一样,说话不是直着说,往往引导人家想到她要的方向去。她说话时习惯左右看看,好像观察有没有人偷听,神秘兮兮的。她说起吴林贵时就是这样欲言又止,让人猜测,她说,他们家跟我们都不一样,太复杂喽。她还说,我搞不清楚这家人家的事,一般人是搞不清的。其实她什么都清楚,就是不肯直说,我懒得问她。当你不去搭埋她或者对她说的没有兴趣,她却偏在你耳边叨叨,躲都躲不开。好在老师每三五个月重新排座位,她与我分开了。刚调开的几天里,我感觉两个耳朵边的空气都是清凉凉的。

与吴林贵闹得不愉快正是由于我的好奇心。那天我又观看万花筒,千转万转,筒中世界,瑰丽多彩,千姿百态。在我着迷之际,我的好奇心突然上升,压也压不住。我端详着这个小小的彩纸包裹的筒身,想探索它内部的奥秘。筒的两面都有玻璃盖子,正面是透明的,背面是模糊的,我只要打开它,万花筒花样变化无穷的秘密就清楚了。

我看看吴林贵趴在窗口,正在将晾挂的衣物收进屋里。我赶紧使劲拧那个模糊的玻璃盖,不料一用力就拧开了,秘密应该在里面。我倒过来看，哗啦一下从里面滚出来好些彩色玻璃碎粒，红、黄、蓝、紫、绿，最要命的是一慌神，一块窄长的镜片滑了出来，掉在桌上，碎成几截。吴林贵从窗口转过身来，看看桌面上的彩色碎玻璃粒和碎镜片，他的脸立马阴沉下来。

我赔，我一不小心就……

我知道你总会要干的。

反正是你姐姐做的，让她再做一个好了。

再做一个，说说容易，我姐姐做的就一钱不值，你真是……

我不是这个意思，我是说……赔。

你用什么赔，算了算了，我真后悔带你来，没想到你的手这么贱。

你别这么说，我赔还不行吗。

算了算了。我盯着你好久了，知道你一直想要拆它，可只是一转身你就拆了。

他摇摇头。

我拎起书包慢慢地下楼，有时友情像这又黑又窄的楼梯，一步步走着，一不小心就会摔到楼底。我深感痛心，吴林贵是我在班里一个特殊的朋友，彼此虽然话语不多，却有着某种默契。现在完了。我这才发现，万花筒没啥复杂，里面是些彩色玻璃碴，我认为自己肯定能够修好它。他也真是，为一件小玩意生那么大的气，难道朋友交情还不如一件小玩意。我想起他平日的种种不仗义，特别是为了那支电动冲锋枪，我碰了一碰他就冲我发火，我吹捧他的冲锋枪，他却装模作样不吭声，让我饱受同学们的嘲笑。这种朋友不交也罢。

我把这些事跟李小琳说了。她边听边撇起嘴角,好像说我早就知道他是这样的人。以往她跟我说事,我似听非听,这次我专门问了吴林贵家到底有什么秘密事,他有没有父亲,为什么总见不着,为什么他从不对人说起。李小琳往两边看看,压低声音说,他们家的事我不想讲,我这个人是从来不讲人家坏话的,因为我们两家吵过,今天你既然问我,我只好告诉你,否则我成了说谎的人了。

我说,那是那是。

告诉你,吴林贵的父亲还在,在上海,他在上海还有个老婆,还有子女,就是说他有两个家,那个家是正式的,吴林贵这个家是他背着上海的老婆偷偷弄的。

我吃了一惊。

他父亲解放前在上海做棉布生意,很有钱的,后来在云翔镇做生意认识了吴林贵的妈妈,娶她做小老婆,为她开了一家小棉布店,就是他们家楼下的那个布店。

她这么一说,吴林贵家的许多事可以理解了。

她说,想不到吧,这家人家是很复杂的。

他父亲应该还是算他的父亲吧。

搞不清,应该不算吧。一个人不可以娶两个老婆的,一个正式的另一个就不能算正式的。

他父亲来吗。

很少,有的邻居看到他夜里悄悄地来,又在凌晨悄悄地走了,大概是送钱来的。

李小琳什么都知道。

那支电动冲锋枪会不会是他父亲送给他的,所以吴林贵不愿显摆它。李小琳的话把吴林贵家的许多谜一点都能解释通了。我看一眼门外靠着一棵歪杨柳树上看大家玩耍的吴林贵,心里既有报复的快感也有一些同情,说不清是什么滋味。

李小琳说,这事你一定要保密。

我说,你放心。听了他家里的事,我心情不佳,我一点不想对任何人提起。我和吴林贵没有了友情,也没有什么大纠结,唯一遗憾的是不能再去他家见识各种奇异的小玩意。

链接一:

女孩问男孩:"你怎么样的喜欢我?"

少年想了想,声音低沉地回答说:"就像喜欢夜半的汽笛声一样。"

……少年说:"这时我听到远远的地方有汽笛声。那真是真是很远的地方的汽笛声。铁路到底在哪里我都不知道,可见多么的远。微微的声音似乎听见了,又似乎听不见。但我知道那是火车的汽笛声。没错。我在黑暗里静静地谛听着。"

村上春树《夜半汽笛声》

链接二:

德国一家电视台征集"十秒钟惊险镜头"活动。在诸多参赛作品中,一个名叫"卧倒"的镜头以绝对的优势夺得了冠军。镜头是这样的:在火车站,一个扳道工正去为一列徐徐而来的火车扳动道岔。这时在铁轨的另一头,一列火车从相反的方向开进车站。假如他不及时扳道岔,两列火车必定相撞。这时,他无意中发现自己的儿子正在铁轨上玩耍,那列开始进站的火车就行驶在那条铁轨上。是救儿子,还是扳道岔避免一场灾难?那一刻,他朝儿子喊了声"卧倒",同时冲过去扳动了道岔。火车呼啸而过。车上的旅客丝毫不知道,他们逃离了一次劫难,他们也不知道,一个小生命卧倒在铁轨边上——火车轰鸣着驶过,孩子丝毫未伤。

链接三:
苦涩的三色堇
一辆货车在火车站呼啸
没有大人物的小孩子
沥青上光着脚站着一双鞋

赫塔·米勒《狐狸那时已是猎人》

第三章
一群艰难而乐观的流浪少年,
沿着隆起的铁轨地基一路跋涉

　　四年级的暑假,我终于跟宏宝、小狗子他们一起去火车站。

　　那天一早我悄悄起身,窗帘外天光还没亮透,我只得又躺下去,我等时间差不多又悄悄起来,赶到了约好的棚户区南路口。我到了没多久他们也来了。我问,今天什么时候回家。他们笑了,还没出门就想回家,你别去了,要说什么时候回家可难说。我又问,那么中饭在哪儿吃。大家笑了。秦小林一本正经地说,在铁路职工食堂,米饭加大肉丸。小狗子说,我才不去,那儿味道太香,有一回我一闻到那肉香,肚子的肠子马上高兴地打结,疼得要命。宏宝说,你以为你是去上班,我们出去从来不吃中饭的。我想问肚子饿了怎么办,怕问出来又要遭他们一顿嘲笑,就咽进肚去。心想你们饿得起我也饿得起,只是有些后悔,想早知如此,早上应该多吃东西。

　　我们走上那条坑洼不平的碎石路。走着走着天空像揭去一层层的纱帘,亮光透出来了。路上车辆也渐渐多起来,有从火车站来的,也有往火车站去的,有摇摇晃晃的三轮汽车、啪啪啪冒黑烟的拖拉机、载重卡车、载着人的客车,还有拖车和自行车。窄窄的路面上,我们不时地闪开身子让车子通过,有时甚至退到路边的树丛里。

虽然这条路很长,一路上说说笑笑,时间过得也快。他们人人带着篮子袋子,只有我空空两手。我在路边的一片篱笆上抽了一根竹竿,似剑似鞭的一路挥抽。他们一再告诫我,到了铁路上可不能乱跑一气。

远远地,一幢式样别致的小楼冒了出来,不用问,这就是火车站。这幢青灰色的小楼,有个塔状的三角形的尖顶,尖顶下面有扇小窗。如果有人住在这小窗里,应该是很有趣的。走近了我看到,楼下面墙上有"云翔站"三个红字。下面是一排八扇的镶嵌玻璃木门,中间四扇开启着。门里应该是候车大厅。我心绪激动,总算来到向往已久的火车站,虽说是第一次来却有种似曾见过的感觉,也许是听他们说得多了。

门外的路边有家小杂货店,店门前搭着大凉棚,店里看进去黑黢黢的。我跟着他们绕过候车大厅到前面的月台上去,我朝大门里张望,宽敞的候车厅里靠墙摆着两排靠背长凳,三四个旅客默默坐着。

检票口的检票员懒洋洋的,像花圃里那只打盹的黄猫。

宏宝他们一踏进火车站就变了。刚才他们还说说笑笑、打打闹闹、推推搡搡,一进火车站却弓着腰、缩着头、耸着肩,一声不吭。看到铁路上的工人,都往一边躲着走。那些人不用正眼瞧我们。我急着想到月台上去看停着的火车,看看车厢里南来北往的旅客。宏宝他们却没兴趣,他们在台阶边坐下歇歇脚,我就自己去月台上看火车,我让他们等等我。

检票门外面有间小屋,里面两个职工在喝茶,我怕被他们看到了会遭他们呵斥,要去月台必经过小屋门口。我将手中的竹竿丢在花圃里了,试探性地走上前,两个人斜眼看我一眼,没有反应。我松了一口气来到月台上。

月台前没有火车。

我回头看看,小狗子吹起了口哨,是他们要催我走了吗。可是火车还没有来呢,不知道还要等多久火车才来。

喂,靠后点。边上一个穿制服的对我摆手。

我连忙往后靠,意识到火车就要来了。我不顾小狗子一个劲地吹口哨催促,退后一点等火车到来。

其中一个职工站了起来,拿着几面彩色小旗走了过来,到我身边用小旗将我往后拦。他又走到月台顶头,朝着前方挥动了几下小旗,我觉得那挥动小旗的姿态很潇洒。这小旗挥动的是在告诉火车上的司机什么话吧,真奇妙,我在电影里看到军舰上有挥动小旗的,他们挥动小旗的意思是一样的吗。

作为对小旗的回应,前方一连传来几声高亢的汽笛声,接着是越来越近的吭哧吭哧的火车的响声。巨大的声响吓得我连连后退,退到离铁轨八九米的地方,觉得这样的距离才比较安全,又能清楚地看到火车。一列长长的绿色客车呼啸而过,又一声汽笛好像呜咽声,掀起的旋风将我的头发和衣服吹乱,我看得心怦怦乱跳,跳得比火车的节奏还快,怦怦、怦怦、怦怦……

伙伴们看到我的样子在笑,是在笑我惊慌失措的狼狈相。虽然一闪而过,我还是看清了火车头和它拉的一节节车厢,我还特别看到车厢上一行白字:北京—上海。车窗在我眼前是一格一格闪过去的,上面是一张张朝外张望的脸孔,男女老少都有,他们都来自北京吗。一个男孩贴在窗玻璃上,压瘪的鼻头,张大的嘴巴,一脸呆傻地朝外望着。幸运的家伙,我心怀妒忌,你坐火车从首都北京到大上海去,我几乎没有离开过巴掌大的小镇,今天才第一次看到真正的火车,多不公平。车窗里的旅客也在看我,他们在想那个孩子在一个小站上干什么,是接送亲友的还是等着坐上火车。我一脸惊惶和好奇的样子,肯定会引得他们觉得可笑。他们绝对想不到,这个人为了近距离看火车,朝思暮想等了多久。

小狗子又吹了一声长长的口哨,大伙都站起身来。宏宝拍拍我的肩膀说:这是快车,不停的。小狗子说,这种小站,只有慢车靠一下站,时间也不长的。

他们一齐喝道,走喽,到编组站去喽。我们沿着铁路,向南走去。我跟着一群衣衫不整的挎着破篮子的伙伴,像连环画《童年》里的少年高尔基,一群艰难而乐观的流浪少年,沿着隆起的铁轨地基跋涉。走着走着眼前的铁轨不知从哪儿窜了出来,越来越多,有的一条条并排着,有的画着一个弯弯的弧度,也有斜斜地以好看的弧度从几条铁轨中间穿过。火车也多了,不过它们多是运货的,有运煤的、运木材的、运拖拉机的,运一只只不知装着什么货物的大木箱的,还有整节车皮被大大的帆布蒙着的。

小狗子说,他看到过运高射炮的,还有运坦克的,都有伪装的网罩着,一辆辆往南面运,有戴钢盔的武装士兵押车。秦玉林说,运送武器都是在半夜的,你怎么看得到,莫非你半夜也在铁路上。小狗子说,有时我跟家里吵架,就跑出来到铁路上玩。秦玉林说,哼,谁信你呵,深更半夜走那么远的路到这里来,你是不是有神经病呵。宏宝说,小狗子会的。我觉得不可思议,你真的有这个胆子呵。小狗子说,其实夜里编组站这儿最安全,灯火明亮。宏宝冷冷一笑,你到这儿来不会在灯光下的,而是躲在阴暗处吧。秦玉林说,你这是说,小狗子是来这儿捞一把。小狗子呸了一声说,屁话。

要说明一下,秦玉林有个外号叫屁精,听上去像拍马屁的意思,其实不是,他的肠道功能可能有点不一样,走在他身边老听到他肚子咕咕的声音,大家说是他在憋屁时发出的声音,秦玉林连呼冤枉,他说根本没有屁,就是肚子里的声音。大家不由分说叫他屁精。后来叫多了习惯了,他也不再辩解了,接着也就默认了。不过我从来不叫他屁精,觉得叫着自己不舒服。

远处两个火车头,什么也不拖不拉,老是慢吞吞地开来开去,不知在忙活什么。我想,这是干吗,不是白白浪费动力吗?还有一个火车头停在半道上,光呼哧呼哧喘粗气,时而拉响一下汽笛,半天不动弹。我想问问宏宝他们,又怕会让他们笑话自己什么都不懂,就闷在心里自己琢磨。

前方数十条铁轨并列着伸展开去,十多列火车来来去去,汽笛此起彼伏,遥相呼应。在这大片铁轨中间,腾出了一块空地,矗立着三幢红砖楼房,不用问这就是编组站的楼房。只见穿制服的员工进进出出。那些司机司炉,跟别人不一样,他们的脸颊黑亮,不是太阳晒的那种黑,是汗水沾上煤灰的黑。他们一咧嘴露出一口白牙。我能感觉到他们对我们的讨厌,远远看到我们就皱起眉头。一列火车头从我们身边经过时,忽然从侧边喷出一股蒸汽,热腾腾湿乎乎的蒸汽把我们的衣服和头发都弄得湿漉漉的。车头上司机伸出头哈哈大笑。我们冲着他们大骂脏话,秦玉林还捡了一块石子向他们掷去。

宏宝告诉我,穿过这些铁轨有一片荒野,那里有几个河塘,里面有菱角,还有鱼和蚌,再穿过去半小时路程有一片树林,叫黄家花园,里面树木多得像原始森林,门口有一条大黑狗看着,一般人进不去……

穿过这片一排排横向的铁轨丛,也就是要穿过一列列来回穿梭的火车或者火车头,它们速度不快,有的甚至比走路还要慢,但毕竟是火车,来不得半点马虎。因此我跟着他们跨过每一条铁轨时都要左看右顾,特别小心。几乎所有的铁路员工看到我们都要大声呵斥,走开点,别让我看到你们;有的骂道,你们又来了,被火车撞死你们父母白养;有的嚷道,不要手脚不干净,让我逮住了饶不了你们……有的虽然忙着干活没空说话,但也是用白眼横着看你。宏宝他们根本没当回事,要么远远躲开他们,要么装着没听见。

太窝囊了,宏宝跟他的一帮弟兄在云翔镇上都是数得着的人物,在这儿好像龟孙子一样,大气都不敢哼一声。我奇怪宏宝怎么能够忍耐这些白眼和训斥。

我第一次来,只要跟着就行了。登上铁路的路基,眺望铿亮的铁轨向远方延伸,会有一种莫名的神秘感,我无法想象这些铁轨伸展到什么地方,一路上经过哪些地方,也有一个个小镇吗,有湖泊、草原、小街、学校、花园、水果店……那里的人们在干什么,是不是像我们一样生活,那儿也有像我一样的孩子站在铁轨旁边,愣愣地看着消失在视野尽头的铁轨,想着与我相同的问题吗。铁轨的尽头在哪儿,也许它没有尽头,但它不可能没有尽头……我的想象被拓展得非常大,我以为那些童话中的仙境并非虚无缥缈,它们就在这些铁轨的尽头。

他们在铁轨之间,找到一堆堆火车头卸下的煤渣,围上去尽快地捡。我直直地站着,朝着铁轨两头张望,看是不是有火车开过来。我不知道危险在哪里。

有时他们突然向前奔去,他们看到了新的目标。一列火车在轨道上缓缓地开来,越来越慢,最后像疲惫的老牛一样在重重的叹息中停下了。他们盯着它,像猎人贪婪的目光盯着一头进入射程的野兽。火车头下面哗地泻下了一堆冒着腾腾热气的煤渣,煤渣堆还在发着暗红的火光。

他们一起扑了上去,不顾司机大声吼骂,钻进火车头的肚子下面奋力地扒了起来,不停地往自己的容具里扔着煤渣。相互之间谁也不让。煤渣头像一颗颗大核桃,扔进了容具里。我帮着宏宝张开他的袋口,看着他把像一颗颗大核桃似的煤渣扔进去,心里在感叹他们的无奈,在人们的呵斥和白眼中,他们屈辱地抢捡一点点的煤渣。宏宝捡煤渣不如他的伙伴们,在同样的时间里,他捡的不比同伴们多。

司机大声吼骂着,汽笛声嘶力竭地拉响。他们慌忙爬出来,脸上和身上全是黑乎乎的,他们的篮子里口袋里都在冒着腾腾的热气。

火车头缓缓启动,将一堆扒开的煤渣留在铁轨上,好像一只巨兽走开前拉了一大坨屎。他们又上去哄捡了。他们互不相让,不像一起出来的伙伴。每一个家里炉子都在等着,缺了它没法烧水煮饭呵。

他们几次下来,一只只篮子和袋子都鼓起来了,从沉甸甸的样子来看,最多的要数小狗子,他们说他眼尖手快,每次出来都是最多的。他们说一起吃饭也是这样,小狗子用筷子攃菜,速度奇快,比别人吃得多。小狗子解开自己的口袋,拎起底角倒出一些给宏宝的口袋里,他还说他捡到一块有拳头那么大的煤渣。他张开袋子翻找,可是没有找到。他说肯定倒到宏宝的袋里去了。秦玉林他们也从各自的篮子里倒出一些给宏宝,大家彼此打量了一下各自的容具,也许觉得差不多了,一齐吆喝:"哦,开路喽",好像打了胜仗扬眉吐气地,先前那种压抑和紧张感都没了。

我在旁边一直纳闷,既然大家后来要平均分配劳动成果,为什么当初一哄而上,你争我夺呢。这种争管争、分管分的做法让我觉得很好笑,这不是多余的吗。我悄悄地问小狗子,小狗子说,那不一样。

有什么不一样,我想不明白。

完成了捡煤渣的任务,他们明显轻松了,一起来到前边飘着几面红旗的沙土飞扬的工地。工人正在忙碌,推车的推车,铲土的铲土。宏宝他们趁人不备,捡起地上路边的短木块放进口袋和篮子里。

这儿已经是编组站边缘了,看铁轨都锈迹斑斑的,说明火车不太开来。我们一路上看到的铁轨都是锃亮的。我还看见工地上一座像山羊大小的石雕。

宏宝说,那是一匹石马。

石马。怎么有石马。我很好奇。

是他们挖出来的。宏宝指指民工们说。

我踩着坑坑洼洼的泥地跑过去。宏宝说，没啥好玩的。我走近一看，真是一匹小石马。它四条粗壮的腿着地，全身是斑驳的干泥。我用手摸摸它的头，掰掉一块泥巴，露出雕刻得很精致的马鬃。它的眼神刻得很温顺，我看着它，它也凝视着我，我心里一惊，连忙别过头，它的眼神里竟有欲与我说话的意思。它一只耳朵支棱着，另一只没了，尾巴也断了半截，在屁股上露出短短一段，像兔子尾巴。从断掉部分的造型看，尾巴应该是下垂的。听说马在奔跑时，尾巴才高高扬起。马背上刻着清晰而朴素的条纹，那是披挂的装饰，再下面是突出的马鞍。

这东西没啥看头。宏宝大声说，走吧。

我说，这小马虽然没啥用，但是蛮可爱的。我使劲一推，纹丝不动，我知道我们六七个人恐怕都推不动。我拍拍手上的灰土，遗憾地想，就这么丢弃在荒地上，任风吹日晒雨淋，可惜了。

在这荒郊野外，它不会开口说话，它的来历永远是个谜。

我和宏宝他们离去，回头看去，小石马温驯的眼神冲着我，好像欲言而止，有什么话要对我说。

工地上夯声机器声轰鸣，尘土飞扬，工人扛运重物喊起了号子，宏宝、小狗子和秦玉林也跟着吼叫起来。我以为是乱吼乱叫，听了好几声才听出有内容，是苏北的民谣，尽是隆里隆东呛，什么韭菜炒大葱之类。小石马静静地站在那儿，在一阵阵的嘈杂声包围里，它的神态显得格外天真和安宁。

太阳偏西，风有点凉了，我们决定往回走。在离开编组站小楼不远的空地上，一节旧车厢搁在一片杂草丛中，它的暗绿的漆色依稀可见，轮子却锈红了，半埋在草丛里。看上去它还不算怎么太破旧，甚至比有些在使用的车厢还好点，怎么被废弃了。宏宝说下雨天，他常到里面躲雨。小狗子说如果离家出走，就在里面过日子也蛮好的。秦玉林说，那可不敢，万一有杀人犯强奸犯抢劫犯什么的来，在这里叫都没人听见。小狗子说，真没什么可怕的，其实这里经常有人的，最近我还看到里面有旧毛毯，还有烟蒂。秦玉林说，太吓人了，我可不敢住。

小狗子没有搭腔，他撇着嘴一笑。

他们吭哧吭哧提着篮子，背着布袋，我甩着双手有点不好意思，于是就帮宏宝搭一下手，拎了一段路。捡煤渣，脏点累点没啥，被司机和司炉训斥受不了。他们也许习惯了，一点不在乎。

我的腿肚子开始有些酸胀，肚子也饿了。一天没有吃过东西，胃像一只瘪掉的皮球，感觉前后都贴在一起。从火车站到家里还有好长一段路，我担心会在半路饿趴下。看看他们没有人说累说饿，我也不敢说出口。秦玉林看到有只斑鸠在一根矮树上，他扑上去追赶。我不行，即使有只不会飞的鸟在两三米远处等我去逮，我都懒得去。每一点体力都不能浪费掉。

走到火车站候车厅，挂钟指着三点多。月台上冷清清，连检票员都没有，看样子一时不会有列车经过。我们来到候车厅前门路边的那家小店。我终于忍不住问，你们不想买点东西吃吗。他们说马上回家了，吃什么呀。我犹豫了一下说："我有点钱，进去看看，有什么吃的。"他们一听情绪来了，全都说好的好的。我口袋里的钱能买五只麻饼，至少可以充一下饥。

杂货店别看小，货还挺全的。迎面是垒起来的诱人玻璃糖罐，有两种糖果是云翔镇的商店里没有的。我在柜台里没有找到麻饼,有一种印着红印的小方糕,价格比麻饼便宜。很好,可以让我稍微省点开销。我示意营业员,五块方糕。

营业员将方糕递来的时候,伙伴们盯着方糕的目光一齐转向了门口。我扭过头去,一个女孩手里拎着一只酱油瓶哼着歌走了进来,她脸蛋微红,腮帮鼓鼓的,歌是从鼻子里哼出来的。头上两根系着红丝带的小辫随着走动轻轻跳动。

秦玉林激动又含糊地说,小妖精,小妖精。

小狗子应声,没错,是她,小妖精。

我奇怪了,人家没碍着你们,怎么就骂人家小妖精。

你们认识她吗。

他们嘿嘿一笑,低声说,人们都叫她小妖精。我怕他们的声音被那个小姑娘听到,暗暗朝他们摆手。他们不理会,还嘻嘻地朝那儿张望。

我打量去柜台另一边打酱油的女孩,一点也不妖。我印象中妖精是妖里妖气的国民党女秘书那种,走路一扭一扭,说话嗲声嗲气。

她看上去比我们大两三岁。她似乎感到我们在议论她,扭过头乌黑的眼睛扫了我们一眼,迅即转了回去。这一眼让人感觉眼前一亮,她脆亮亮地喊一声:"大叔,拷酱油。"

天哪,天下哪有这么可爱的小妖精。

我们吃着小方糕走出小店,小狗子还在回头看,被宏宝一把拉着走了。

小狗子说,她叫小瑾,就住在那边的火车站职工家属楼。他手指着火车站北面一幢米黄色的四层楼房。

我不解地问：你怎么了解得这么清楚。

宏宝说，小狗子看到漂亮女孩就爱打听，别看他破破烂烂的跟我们捡煤渣，脑袋里可花哨了。

小狗子说，这个小妖精在火车站很有名气，都知道她。

宏宝捅了我一下，管她小妖精还是大妖怪，赶紧走吧，天要黑了。

我回头看，从杂货店出来的小妖精，拎着酱油朝着北面走去，搭在肩上的辫子一跳一跳，辫梢上缠着两节红丝带，一蹿一蹿像两朵火苗。

链接一：

编组站是铁路网上集中办理大量货物列车到达、解体、编组出发、直通和其他列车作业，并为此设有比较完善的调车作业的车站。其主要任务是根据列车编组计划的要求，大量办理货物列车的解体和编组作业。对货物列车中的车辆进行技术检修和货运检查整理工作，并且按照运行图规定的时刻，正点接发列车。所以，人们往往称编组站为编组列车的工厂。

编组站一般设有专用的到达、发车和调车场，以及驼峰调车设备、机车整备和车辆检修设备。通常设在有三条及以上的铁路交汇点，有大量车流集散的工矿企业、港口、大城市所在地区。位于工业区或港口附近并专为工业区或港口服务的编组站，又称工业编组站或港湾编组站。

链接二：

……

每个夜里都在做梦

开到小溪边去洗洗烟火吧

开到小岛上去看看日出吧

或者开到高原上去，仰望蓝天

开出边界，开到一个回不来的地方

一生都在做着出轨的梦

一生都在失眠

一火车皮拉过去

又一火车皮拉过去

一火车皮接一火车皮的疲倦忧伤

拉过去

……

开到最后，眼睛就瞎了

趴在郊外，叹着气

野草长过来，挡住视线

想动弹一下，一颗石子硌得有点痛

但远处一场雨已经下了

它将洗去身上的漆和编号

隐约听见一个声音,开始呼唤我的乳名:
火车快开,火车快开

洪尘《火车,火车》

链接三:

火车站都大同小异,即使灯光不亮也没什么关系,你对它们早已十分熟悉了。它们都有股火车气味,即使火车都开走了也有火车气味;它们都有火车站的特殊气味,即最后一趟火车开出后的那种气味。这个车站上的灯光以及你正在念叨的这些话,都仿佛不是为了让你透过黑暗与烟雾看清各种东西,而是要使这些东西与黑暗和烟雾浑然成为一体。

卡尔维诺《如果在冬夜,一个旅人》

第四章
奶奶说，凡是出现在孩子身上的错事
都怪不得孩子，都要怪大人

只要去过一次，就像一阵清爽的风将笼罩在想象中的火车站的迷雾一下子吹散了。我见到了真正的火车站、尖顶塔楼、月台、呼啸的火车，尤其是几十条铁轨并行和交叉组成的编组站，让我开了眼界，我也因此有了底气。有了第一次，就是一个开端，以后可以自己一个人去了。独自一人将有更大的自由，可以不用跟着他们捡煤渣，在自己想看的地方多看看，只要不遇到那些帮派小流氓，如果遇到就及时躲远点。由于我和棚户区的混在一起，他们就把我归为棚户区的，其实一眼就看出我跟他们不一样，不光是我穿着比他们好一点，主要是比他们整洁。奶奶特别讲究整洁，每天回家，她都要看我衣服弄脏了没有，弄脏了就数落个没完，而且一定要换下来，换一身干净的。我不喜欢这样。穿着一身干干净净的跟那些脏兮兮的伙伴在一起，显得怪怪的，让人很不自在。

我知道，我的举止也缺少那种不羁和浪荡。我很想学他们那种说话做事的样子，可是总学不像，特别是出口骂脏话，我怎么也骂不出口，有时太故意了，显得生硬做作。其实他们并不可怕，我甚至觉得他们比一般的人还要好说话。我有时跟他们吵嘴，有时说话刺激他们，他们都能忍让。可能因为我学习成绩好，他们打心里不轻看我。接触时间长了我觉得他们有些傻傻的，我说的不是读书上的那种傻，也不是傻子的傻，他们没有街上的同学精明。对，用不精明比较确切。譬如看到自己班级的同学被外面的人欺负，他们就不问青红皂白，捋起袖子冲上去。他们不会讲理，一讲理舌头就打结，如果对方用歪理三绕两绕，会激得他们头顶冒火，上前推搡起来。而对方看到棚户区的一般退避三舍，自找台阶自我解嘲，说跟这种棚户区的没什么搞头，走吧走吧，匆忙溜进人群里。

奶奶这点好，她丝毫没有看不起棚户区的同学。奶奶看他们穿得脏兮兮的，叫他们回家让大人弄弄干净，她的观点是再穷再苦没关系，一定要弄干净，破损的地方一定要修补。她不知道再新再好的衣服穿在他们身上，两三天下来就脏兮兮的，六七天下来就不堪入目了。他们捡煤渣穿的衣服跟乞丐一样，奶奶看到肯定会吓得瘫倒。

奶奶说，凡是出现在孩子身上的错事都怪不得孩子，都要怪大人。

我把自己当着棚户区一员，模仿他们的样子，模仿他们苏北口音的腔调，甚至学他们的样子在特定的环境说起了粗话，我觉得这样很了不起。

班里换了一个班主任。在三年级之前的班主任一直是姚老师，一个没有考取大学又没有去新疆支边的女青年。她是民办小学最漂亮的老师，眉清目秀，说话柔声细气。她最有耐心，一遍不懂再教一遍，每教好一遍，都要问大家懂了吗。台下总有几个声音喊，不懂。姚老师说，我再讲一遍。讲好后，台下还有人在喊不懂。她急得眼泪汪汪，无助地看着台下，犹豫不定是不是要再讲一遍。她哪儿知道是王苏金撺掇几个人故意跟她作对。

王苏金说他有一个亲戚跟姚老师是同学，十分知道姚老师的底细。譬如，说她体检时串通医生作弊，逃避去新疆农场；说她凭着一股骚劲和一对大奶子，让很多男人上当受骗，他还给她起个外号，叫姚奶子。他说别看她秀气可怜的样子被她蒙蔽，她整起男人来可厉害了。我不相信。姚老师怎么看都不像他说的。我亲眼看到她当着班级学生的面哭过，那是王苏金暗中挑弄的。有一次王苏金躲在姚老师身后做怪脸，被邻班的一个男老师看到差点挨揍。王苏金当时一脸惊恐，像受了多大委屈，嘴上说，你敢碰一碰，要你好看。那个男老师最终没有动手。王苏金后来跟人说，那个老师在追求姚奶子，想讨好她，他如果敢碰我一下他就别想走出这个校门。

也许会吧，王苏金有兄弟六个，他最小，上面有五个哥哥撑腰。

王苏金的家在校门旁的一个巷口，他妈妈常常坐在门口一把深铜色藤椅里，手指上戴一枚黄澄澄的戒指，夹着一支香烟。她看上去病恹恹的，看着从门前街上走过的人，不时地与熟人礼节性地打招呼，像从前有身份人家的太太。填写学生登记表时，我特别留意王苏金的家庭成分，他填写城市贫民。城市贫民看上去像是穷人，可他家肯定不是穷人。我对王苏金一家有种惧怕，经过他家时匆匆而过，遇到他妈妈的目光，我会赶紧闪开，心里冒寒气。

我看到吴林贵的家庭成分是小业主。小业主是小资本家，应该不属于劳动人民。

姚老师对我的好，是能够感觉到的。譬如她课堂提问，眼光要瞧我一眼，仿佛问我知道吗，我如果能回答会轻轻点一点头。班级做作业或者考试时，她不像别的老师在教室里来回踱步，她手撑着下颌望着窗外，似乎在看天上的云彩，偶尔也会在教室里走一圈。她到我的身后停住，有时她用手在我肩上轻轻碰一下，她这是在提醒，我连忙将答案再核对一遍，往往会发现有疏漏或者错误。她几次把我叫到办公室，多加几道题目，让我回去试试看，她说做不出不要紧的。我不想做，我不明白凭什么我要多做作业，可是我还是拿回去做了，因为她出题目时是和颜悦色的，带着一种关爱的神情。她说，你不要和那些同学混在一起，你不能和他们一样。我点点头，我明白，她是叫我不要和棚户区的孩子们厮混，我与他们是不一样的。

我知道有些人对我好，是看在我父亲的面子上，姚老师绝对不是的。父亲在镇商业系统搞人事，是党支部成员，大家都尊敬他，连镇政府的镇长对他都客客气气的，这我都看在眼里。

上姚老师的课我很专注，即使懂了，还是保持专注的神情，这是为了让姚老师高兴。一次我到办公室去交作业，看到姚老师打开的抽屉里有一本《宋词选》，我问姚老师这本书写的什么故事。姚老师说，这是古代的一种诗歌，她说她以前喜欢古诗，当了老师没时间了，好久不看了，现在用它来夹糖纸的。说着她拿起书翻开，我惊呆了，呵，里面夹满了糖纸，有纸质的有透明玻璃纸的，色彩缤纷艳丽，图案五花八门，有一页里夹着五张不同图案的米老鼠糖纸,一只只米老鼠形态可爱。我羡慕地说,姚老师,你吃过这么多的糖。心想这得花多少钱呵。姚老师说,我怎么可能吃这么多糖,里面我吃过的糖纸是极少数,多数是我搜集来的。我想,我一辈子也不可能吃到这么多的糖。姚老师翻看着书里的糖纸,嘴角往上翘着,显出了一只小酒窝,像一只溢满笑意的浅浅小碟。她说,我还能记得每一张糖纸的来历,都是亲戚朋友同学邻居送的,她说,我小时候还去过汽车站捡糖纸。我说,我捡香烟纸也去过汽车站的,那儿来来往往的人多,会捡到本地没有的香烟纸。姚老师说,喏,这张樱桃糖纸多漂亮,就是我在车站上捡到的,那时我还只有三年级,它让我高兴了好几天。我想问姚老师去过火车站吗,但想到那儿风险太大,她一个女孩子是不可能去的,就不问了。

我察觉到王苏金不知为什么,老是跟姚老师过不去,始终像猎犬一样盯着姚老师。他像猎犬一样多疑,一看到姚老师关心我,就不怀好意地说,那个姚奶子看上你了,感觉好吗,小心别被她那股狐骚味熏倒。我不想跟他多纠缠,没搭理他。为了避免他胡说八道,我有时遇到姚老师会躲开一点。

姚老师调去教低年级了。她走了王苏金也很失落,他缺少了一个攻击对象。

新来的班主任姓方,年纪要比姚老师大多了,有四十多岁了,短头发中夹杂着丝丝白发。她一身淡青布衫,干净利落、和蔼可亲。她是从镇中心校调来的,是一名口碑很好的老教师,现在镇上很多大人当年都是她的学生,都说她好。听说有人多次给镇政府提意见,说民办小学集中了那么多劳动人民子女,可里面的教师却是些经验不足的民办教师，有的还是代课教师，这是歧视劳动人民。最近解放街的大墙上刷出一条大红标语：劳动人民知识化，知识分子劳动化。派方老师来肯定是镇政府听取意见后采取的措施。

我对王苏金说，听说新来的方老师很厉害的。我刺激他说，你别高兴，她会把大家管教得服服帖帖，把班级管得像少年看守所，你到时就会觉得还是姚老师好。王苏金一怔，你怎么知道方老师厉害。我说，人家都这么说的。王苏金愤然说，她再厉害也比那个狐狸精强，我一见那只狐狸精就讨厌。我说我看还好吧，没那么讨厌吧。他挤挤眼睛问，你是不是喜欢上那只狐狸精了。

方老师第一天来上课，全场肃静，由于大家早有耳闻，心怀敬意。她先简单地作了自我介绍，接着夸了好一阵民办小学如何好，她调来教书如何高兴。我们听了甜滋滋的，课堂气氛放松了。我们纷纷说，民办小学改名了，改为檀园小学了。方老师笑了，她说还是叫民办小学好，民办小学就是人民办的学校，一座学校由人民来办是最光荣的，怀少小学名气再响，它是从前有钱人办的，中心小学是镇政府办的，而我们民办小学是人民办的，你们说说，哪个大。我们听了感到既新鲜又有道理，顿时豪气满胸，一字一顿大声喊道：人、民、大！

方老师满意地笑了。

方老师真有一套，她知道学生想什么，知道如何不知不觉牵着他们进入她的思路。方老师提问也不一样，姚老师提问多是学习比较好的学生，方老师却提问一些学习成绩差的，小狗子、秦玉林、宏宝本来上课是很放松的，因为老师一般不提问他们的，现在不行了，方老师时不时也要点他们的名，问他们问题，他们也紧张起来了。

她请他们起来，不管你懂不懂，她耐心等待，不断提示、启发，实在回答不出，她会微笑着示意坐下。难得有一次在她的提示下答对了，她会夸奖好长时间。真是要命。我起先为老师提问少了而感到轻松，可是时间一长，感到不耐烦了，我实在没有耐心听他们为一个极其简单的问题反反复复折腾，听得心情烦躁起来，我就看着窗外在风中摆动的柏树，有时树上出现一只翘尾巴的鸟雀冲着窗口张望，我也冲它瞪眼努嘴，不知它看没看到。我发现不管什么鸟都性子急急的，一刻停不下来。看腻了窗外就低头翻翻课文后面还没教的内容，看一两遍竟然明白了七八分，为接下来上新的课文有了底气。然而在我思想"开小差"的时候，方老师会突然点我的名，让我起来回答问题。我茫然站着，不知从何答起，因为连问题都没有听清。我知道这是方老师发现了我的不耐烦和走神，故意出我的洋相。

老师一般都喜欢成绩好的学生，喜欢长得好看的女生，喜欢衣着整洁的男生，方老师不一样，她对棚户区和农村的学生亲近，越是看上去家里贫困的她越是关心，她不但在学习上帮助，还从家里带来半新的衣服给他们穿。班里小狗子穿得最旧最破，她送给小狗子一件淡灰色上衣、一条咖啡色灯芯绒裤子，还给宏宝一双布鞋，那双鞋肯定是她男人的，好大，简直像只小船，不过宏宝穿上正好。方老师让小狗子在课堂里换上，说人的衣服整洁就显得精神。小狗子不肯当场换。秦玉林嚷起来，说小狗子是不穿内裤的，一脱小鸡鸡要出来的。全堂大笑。后来方老师让他去厕所里换，小狗子也不肯，后来宏宝带了头，他们才去换了。小狗子穿上新衣裤走进教室，我们差点认不出来，他完全像变了一个人。他脑袋低着，一脸难为情。方老师拉着他转了一个圈，叫他把手里换下来的旧衣服丢掉，他不肯，塞进了课桌里。小狗子的新衣服穿了最多二十来天，又换回他的旧衣裤。我问小狗子新衣服呢，他不吱声。秦玉林说，他妈妈不让他穿新的，兴许已经被他妈卖掉了。

听说方老师还带小狗子去洗澡，班里好多人都哄笑他，说他的小鸡鸡被方老师洗过了。方老师说过，要让小狗子好好洗个澡，养成讲卫生的好习惯。一天大家发现小狗子耳朵后边的污垢消失了，就猜测他一定被方老师带去洗过澡了。大家越说越难听，有的还模仿方老师给小狗子洗澡的动作，小狗子起先嘿嘿笑着，后来那笑就挂不住了，僵住了，突然他用苏北话破口大骂，骂的话断断续续能听懂一点，很下流的。大家没趣地收住口。

方老师对小狗子的关心爱护我觉得过分了，我察觉小狗子似乎有一种矛盾心理，在他接受方老师的照顾时，显得有些勉强，并非十分愿意，他有点害怕似的躲着她，好像要甩掉缠他一头一脸的蜘蛛网。有时候他真不给方老师面子，方老师课堂提问叫到他，他不肯站起来。方老师坚持再三，他还是不肯，方老师脸上有些挂不住了，最后是劝他只要站一下就行了，不用回答问题，他还是梗着头不肯站起来。连我都觉得他太过分了，毕竟方老师对他那么好。僵持了很久，方老师只好放弃努力。方老师很尴尬，好像要哭出来了，当然并没有真的哭。

此刻我既有点同情又有点幸灾乐祸，她来了以后将我冷落一边，我并不是想通过回答问题显示能耐，而是她对我学习成绩好视若无睹。她越是这么漠视和冷落我，我越是产生逆反心理，越要争口气，要把书读得好上加好，我的成绩一定要比你看得起的那些学生还要优异，让你不舒服。我不相信有哪个老师不在乎学生的学习成绩的。

我上课时有时眼望着窗外的云彩、鸟雀、枝叶，耳朵却在捕捉方老师讲课的内容。她的眼角几次扫过我，以为我开小差了，突然叫我的名字，她以为我会茫然不知所措，不料我装着懵懂地站起来，然后清清嗓子将她的提问一一答好。她有点发愣，按手让我坐下，但还是批评一句，即使懂了也不能开小差，自以为懂了放松了，往往是落后的开始。

我心里一笑，落后，在这个班里永远不可能落到我的身上。

班里那么多棚户区和农村的困难学生，还有几个城镇户家庭的贫困生，她帮得过来吗。他们其中有些看上去家境困难，其实口袋里一直有钱的，而且还舍得花，她根本不了解这些人的底细。

就说王苏金吧，他每个学期都能减免学杂费，他家里的经济条件怎么能算困难呢，他母亲戴个闪闪的金戒指，倚靠在门前的藤椅上抽香烟，经过他家时经常闻到烧肉煎鱼的诱人香味，我还看到农民往他家送新鲜的瓜果和蔬菜。

每个新学期开始，班主任就叫家庭困难的同学来领取减免表格，除了减免学费，特别困难的还能减免书杂费。领表的同学多多少少可以减免一些钱，这让我很是心动。我跟奶奶说，我去领张申请减免的表格，多少为家里省点钱。奶奶说，你好好读书就行了，读书的钱不要你省的。

我后来知道父母只要有工资收入，是不能减免学杂费的。我的父母都在上班，他们有工资，所以我不能申请减免学杂费。父母一大早上班去，很晚才下班回家。经常在单位吃了晚饭还要开会、学习。我看见过他们的学习，一个领导模样的读报纸，其他人在听，男的喝着茶抽着烟女的打着毛衣，报纸读完后，又拿一本杂志继续念下去。直到负责人看看手表，说时间差不多了，今天就学到这里，大家才起身。父母太忙，没时间管我。

班里好多同学家里有一堆家务等着做，有的还做一些工厂发包的加工活，他们的作业常常完不成。每天一早，我的作业本被好几个人同时争着抄，后面还有人催促。他们的作业本上字迹狂乱，神仙也难以辨认。

方老师拿来的一些衣服，有几件女式的，她送给几个衣服穿得比较破旧的女生，这些女生红着脸一个劲地摇手。后来看到方老师的脸沉了下来，她们才收下。她今天辅导了这个，明天帮助那个，一会儿到这个学生边上，一会儿到那个学生边上，弯着腰详细讲解，还常常顾此失彼。那些学生其实不希望她来辅导，他们并不想真正弄懂，只想早早将作业交掉了事。

方老师很累，她原先在中心小学不会这么累的，这是民办小学，照她的说法，是劳动人民子女集中的学校，她不想让一个劳动人民子女在学习上掉队。

照她这样子教，想让所有的学生都弄懂，课程进度比瘸腿的蜗牛爬还慢。人家怀少小学语文已经教到第九课了,我们还在做第六课的练习。方老师也不急。就算她是有经验的老师,也不知道她怎么完成教学任务。我想她应该也在着急。果然,一天她突然说,要开展"一对一"活动,她要指定两个同学结对,并列出了一张名单,一看就知道是将成绩好的同学和成绩差的同学结成一对,成绩好的同学要负责将另一个同学的成绩带上去。她还强调,"一对一"不仅是看学习成绩,还要看思想品德,是双向的学习,学习成绩好的同学也要向另一个同学学习,要学习他热爱劳动、吃苦耐劳、诚实朴素等优点。

"一对一"的名单用表格的方式贴在教室前面的墙上,我的名字和小狗子并列着,我们是"一对一"了。我原来以为方老师会将我和宏宝排在一起,因为我和宏宝常常在一起,是好朋友。她没有那么安排,而让我跟小狗子在一起。帮小狗子要比宏宝难得多,这点方老师心里应该清楚,她自己帮助小狗子帮累了,效果不大,她想把这个烫手山芋丢给我。方老师说,把对方的成绩带上去是你的责任,对方成绩提高了,你自己的思想境界也上去了。

"一对一"以后,方老师对小狗子盯得没那么紧了,小狗子显得一身轻松自在,我却有空就帮小狗子讲解作业题。接触多了,我发现小狗子有点奇怪,他不管是上午还是下午总有点神思游离、心不在焉,上课时听着听着眼皮耷拉下来了,有时一激灵又醒了,张着眼东看看西看看。还有几次他的座位会忽然空着,人不知去向,过了一节课以后又一头热汗地冒了出来。

我问宏宝,这个小狗子像喝了迷魂汤,神经兮兮的。宏宝说,他就是这样的，我也搞不清他，可能是有神经病。秦玉林说，他从前不是这样的，他妹妹死了以后他像变了一个人。我说，他妹妹死了几年了，他怎么还这样，大白天看上去也迷迷糊糊的。宏宝说，他有时夜里不回家，也不知道在做什么，他父母不管他。他怀疑小狗子会不会在外面"捞油水"。我问捞什么油水。他说，捞油水就是偷东西，不过这是我猜测，你不要对别人说起。我说，放心，我不会说的。

总有一天会出事的。宏宝又说了一句。

我观察下来，小狗子不是神经病也不是小偷，他只是有点怪，看他蔫蔫的，我觉得他心里藏着事。想想方老师对他那么好，人家对亲儿子也不过如此，他照样不领情。他到底在想什么，也许什么也没想，他就是这样一个人。我想趁着这个机会和小狗子一起去火车站。小狗子比其他人更熟悉火车站，我相信他，他是独来独往的，就像一条熟悉礁岩缝隙的小鱼，他穿梭自如，知道哪儿有陷阱哪儿有暗洞哪儿有通道，他灵巧，会避让、迂回、退却、绕行。

我对他说，跟你去一次火车站行吗，就我们两人。

他说，你不是去过了。

我说，谁规定只能去一次的，我还想去。

他说，你爸妈都在单位拿工资，不缺钱用，你去干什么。

我说，我们是"一对一"伙伴，我帮你就是让你抄作业，你也要帮我的，带我一起去火车站，怎么样。

他一笑说，好吧。

链接一：

老火车站可建铁道博物馆

老汉口火车站是中国铁路历史的象征，也是古老的江城的现代化历程上艰难前行的象征，其历史内涵极为丰富，价值极其珍贵，确实需要好好地珍惜、保护、开发和利用。

说到对老汉口火车站的开发利用，我认为可建成一个专题性的武汉铁道博物馆。在国外就有些铁道博物馆，建筑就是旧车站、旧厂房，展品就是过去使用、现在落后不再使用的各种实物，并且展示了各种老照片、老广告、老车票，在放映室里，专题放映铁路创建和发展的过程；还可把百年钢轨、退休的蒸汽机车、不再使用的铁道用品充分收集利用起来，放在铁路博物馆中供人参观，把中国铁路的成长历史以及武汉近百年的发展历史生动演绎在汉口老火车站中，一定会让人们刮目相看。

2003年3月3日《长江日报》

链接二：

整整一天，火车弯弯曲曲地穿过迎面而来的山口，沿着山岩行驶，这时候，你已经不觉得车子在前进，只听得排气管和车轮在发出吃力的呻吟声，永无穷尽的耸立着的山峦逐渐与阴迢的天空融为一体，此时此刻，我不由得想起家里，想起那荒凉的小车站和泥泞的路还有那些在广场上不慌不忙地挤过来挤过去的黑人和乡下人，他们背着一袋袋玩具猴子、玩具车子和糖果，还有一支支从口袋里杵出来的焰火筒，这时候，我肚子里就会有一种异样的蠕动，就像在学校里听到打钟时那样。

福克纳《喧哗与骚动》

链接三：

我还想起在玩具短缺的年代里，我和小伙伴们在铁路上玩过一种危险的游戏。我们大家把家里的铜丝找出来，绕成圈状，然后把它们放在铁轨上。等待火车的到来，等待火车碾轧我们各自的铜丝圈……

苏童《童年生活的利用》

第五章
一辆客车朝着檀园驶来，
我紧张而又兴奋地朝约定地点走去

什么事只要经历过心里就有底了，说火车站如何可怕如何危险都是镇上人们渲染的。别的不说，每年在河浜淹死的人要比被火车撞死的多。为什么火车撞死人就会成为家喻户晓的大事，要街谈巷议好几天，因为人们对铁路不了解，在讲述中想象加夸张，成为一个恐怖的传说。他们就是这样恐吓孩子，火车在他们嘴巴里成为一种脱开轨道恣意横行的吃人怪物。

也许河流的平缓和池塘的平静掩盖了它们的危险性，对于我们镇上的人来说，河水才是最最凶险的。有三条河流经云翔镇，两条是从西往东穿过，一条是从南往北穿过。周边农村分布着蛛网一般交错的河流，还有许多大大小小的池塘。看似平静的池塘，情况复杂，一旦被草茎缠住，越挣扎越紧，有的淤泥深深，一脚踩进去就陷在里面。

镇卫生院离我家不远，中午和傍晚时常听到救护车急促的当当当铃声，或者有一部喷着黑烟的拖拉机朝医院大门急驶而进，送从河里或者池塘里捞起的孩子，有的没到医院就死了。人们带着哀伤的口气谈起这些孩子，什么地方的，他们的父母是干什么的，又会引申出他的某个大家都认识的亲戚，然后话题一转转到其他事情上去,到一些奇闻逸事上去。大家开心地有说有笑,他们忘了话题的起因是一个不幸的孩子。

我不喜欢游泳,我的脚板陷进黏黏的腐烂的河泥,会想到很多极其肮脏的东西,看看水面上漂浮的脏物,身上会泛起一层鸡皮疙瘩。

还是火车站令人神往。那月台,那呼啸而过的火车,编组站交错的铁轨,吭哧吭哧喷着粗气的火车头,一声声震撼人心的鸣笛,以及从火车头肚子下泻出的热腾腾的煤渣,印象是那么强烈,那么令人激动。有时那匹蕜蕜的小石马,会从迷雾里轻轻显现出来,朝我凝望,一阵迷雾掩来,它又倏忽而去,那温顺的眼神仿佛还滞留在雾气中,停留了好一会儿才消失。

令我意外的是小狗子对"一对一"有了兴趣。这是好事,就怕他不肯配合,到时候一事无成,方老师却来责怪我。可是我很快明白他的兴趣唯一所在,就是要我帮他做作业,有了这"一对一"的名义,他名正言顺叫我代做作业了。先前我的作业本都是宏宝先拿去抄的,现在小狗子理直气壮先来拿走。宏宝抄我作业已经有年头了,这一规矩被小狗子突然打破,他真不适应了。宏宝对此十分不满,要跟小狗子争夺先抄权。小狗子说,你别跟我说,这是方老师定的,瞧瞧前面墙上,都贴着呢。你是跟李刚健结对的,你找他去抄吧。宏宝怕闹大了让方老师知道,只好无奈地让他了。

和宏宝"一对一"的李刚健,名字挺阳刚,其实是个十足的娘娘腔。他的作业答案不一定对,但字迹清晰得好像印刷的,娟纤漂亮,没有一点涂抹的痕迹。问题就是他每写一个字都像是在描花，实在太慢了。他完全可以写得快一点，但他要求笔笔到位，不出一点差错，尽量不用橡皮擦。他已经养成习惯，我看他想要快也快不起来了。宏宝常常在一旁等得直跺脚，又不敢催他，越催他心急就怕写错，越怕出错越小心翼翼。

依我看他的慢是被老师表扬出来的。在一年级的时候，他做的作业就被老师表扬整洁，为了保持表扬他就一直这么做，因此他的每一页作业都光鲜亮洁，我至今没弄明白，他真的不涂改吗，可是涂改的痕迹都去哪儿了。就这样，他的慢殃及了宏宝，小狗子抄完了我的作业，李刚健还在一针一线地干他的刺绣活，宏宝只好放弃等待，要抢小狗子的作业本抄。他们两人常常为此争执不休。小狗子只好加快抄写，宏宝挤在他边上一起抄写，边抄边说，被小狗子抄过的作业，不新鲜了，有一股子狗尿臊味。小狗子说，你嫌这嫌那我就不让你抄了，现在这本作业本就是我有权抄，而且是经方老师许可的。宏宝慌忙按住作业本，不不，谢你了。

蔫不拉叽的小狗子还有调侃的本事。宏宝这人最要面子，他不会找方老师去调换"一对一"的对象，他要在老师的眼里保持班里老大哥形象。他是班委成员，负责劳动和卫生，他行使自己班委成员的权力时，很有气魄的，挥着手吆喝、指挥，满脸严肃。搞卫生是我们学校的一项特色，也是我们学校的强项。镇里搞什么活动需要小学生出力的，他们总会找民办小学，他们说民办小学的学生能吃苦，没有娇气。这话一点没错，我们班里一些同学干起活肯卖力，而且一看是行家，一样锄草，他们嚓嚓嚓手到草除，挺有样子。其他学校的就不行，干一点小事磕磕碰碰，事情没干好，麻烦倒是不少，不是有人昏倒就是有人受伤。就说擦玻璃窗这个最平常的活儿,我们干起来不一样,我们擦起来要求高,先用湿巾抹一遍,再用干布揩干,最后用报纸使劲擦,工序一道也不少,有人还试着用写毛笔的软纸擦,效果更好。擦过的玻璃窗透亮得好像没有安上玻璃,害得蜜蜂之类的飞虫一个劲地往上撞。方老师常常说你们如果在学习上也这么用劲就好了,这个世界就没有你们干不了的事。理论上讲这是对的,实际上,他们就是在劳动上显出本事,一到坐下来学习马上就蔫了,一点劲也提不起来了。

"一对一"活动开展了三个月,结果演化成了合法化的"一抄一"。这项活动完全变了味,完全违背了方老师的初衷。学校里风言风语,说方老师的"一对一"就是鼓励抄作业,是一种极不负责的做法。还有的人说,方老师是放弃了教学的责任,把学习的压力转嫁到学生身上去。方老师的脸色一时不太好看,她也不能解释什么。她看看实在不像样,就苦口婆心地叫大家不要抄了。可是根本没用,她只好退一步说,你们即使抄也要抄得有收获,在弄懂的基础上再抄,通过抄写也有一点进步,再说,抄得动点脑子,不要一对对一片,一错错一片。

方老师这番话传来传去,变成她同意全班抄作业了。

其实这完全是误传,方老师知道了十分生气。方老师声色俱厉地批评被抄者,不能把做好的作业丢给同学了事,要耐心地解说。她不是批评那些抄作业者,却批评我们这些被抄者。我听得心里怦怦跳。当天我不肯将作业本给小狗子,要将题目讲解给他听,他起先耐住性子听了几句,发现根本听不明白就说算了算了,让我直接抄一下得了。我说,这可不行,方老师因为你不懂她要批评我的。他说，批评什么呀，她自己都没教会我，你能教会我，难道你觉得你比老师还有能耐吗。是呵，小狗子说得有道理，教学生应该是老师的责任，怎么变成我的责任。我说，方老师责怪下来怎么办。他说，你就说是我太笨。我说怎么个笨法。他说，像一块铁路上的老枕木。

可是小狗子得寸进尺了，他竟然提出要我帮他写作文。我一口回绝。我说我写的作文和你写的作文老师会看不出来吗，再说写作文可不是一时半会儿的事，工作量太大，我吃不消的。他说你随随便便写一点，不要长的，再故意多写点错别字，方老师看不出来的。我说那也不行，代写作文被方老师发现罪就大了。小狗子不吱声了，他大概觉得有点过了，于是退一步说，作文不写，那么有造句你帮我做掉。我摇摇头。他说，你帮我做造句，作为交换，我告诉你一个你感兴趣的秘密。我说，我没什么感兴趣的。他说，难道你对火车站也不感兴趣。我说，火车站我去过了，对我来说没什么秘密了。他一脸坏笑，当然还有秘密，你不信算了。这家伙知道我的软肋，我确实有点动心了。我试探着问，什么秘密，你说我听听。他说不行，我告诉你了，你不答应我怎么办。我想造句也不用费多大工夫，如果他的秘密没价值的话，我还可以抵赖的。我就同意了。

他悄声说，有一条去火车站的秘密小道，路有点难走，但是近很多，这是我发现的，还没人知道。

我将信将疑。

至少近三分之一，他说，直接通到编组站。

有人说小狗子行踪不定，夜不归宿，会不会他就是从这条秘密小道去铁路了。

这条小路在哪里呢。我四下瞧瞧，凑过身子问，模仿电影里地下党员交头接耳的神情。他看我这副神秘兮兮的样子笑出了声。我一直发现棚户区的同学听不懂笑话，稍微有点拐弯的笑话，他们听了会傻瞪着眼，有时还会莫名其妙地生气，以为你在影射或者取笑他，可是他们对一个怪动作和直白的粗话会笑岔气。

你是不相信我吧。他问。

我说，相信相信，绝对相信。我右手按住胸口，做出虔诚之至的样子。他乐了，说我带你走一次，但你要绝对保密。噢对了，这两天如果有作文，你帮我做掉，只要能交差就行了，不用写太好。他得寸进尺地说。

没问题。

窗外一群同学正在起哄，我看到宏宝在有模有样地打一套拳法。我和小狗子相视而笑，这是一种你知我知、心照不宣的笑。我和宏宝一直是形影相随的朋友，可一段时间下来，小狗子这个蔫不拉叽的家伙却成了我最默契的伙伴。

我在等待小狗子兑现他的承诺。

这天方老师下午要外出开会，把下午的课换成了美术课和体育课。我知道这种课是可以溜走的。我有点害怕，但机会难得，我以前没有无故缺课，有点头疼脑热也坚持上学，有一次姚老师看我满脸通红泪汪汪，用手掌贴一下我的额头，说我有热度赶紧回家休息。她的手又小又软，清凉凉的。我发现王苏金在教室的窗口斜眼看着。我慌忙躲开，连声说不要紧的，上好算术课再说。姚老师说，有病不能拖。这一点奶奶也夸过我，说我像爷爷，吃得苦。我没有见过爷爷，山东刚解放他就去世了，奶奶说他是方圆数百里最好的中医，擅长小儿科和治热病，家门口一年四季停着车马，来看病的人从不停息。奶奶说，不管刮风下雨，家门口铃铛叮叮当当一响，就是出诊的爷爷骑着毛驴起身了，不管夜多深，远远听到叮叮当当响，她就赶紧起身温酒热饭，出诊的爷爷回家了。爷爷是山东人，爸爸也是山东人，我填表时籍贯一栏也写山东。其实山东是什么样的我一点都不知道，只是在电影里看过，好像都是一些三大五粗的豪情汉子。我想如果在火车站看到一列来自山东的火车，看看车厢里那些操着山东话的老乡，一定有一种来自故乡的亲切感。

我为从来没有见过的爷爷而自豪。我不怕苦也许得之于爷爷的遗传。但是我怕疼，我之所以带病上学有一个说不出口的原因，是怕上医院看病，怕打针，医院那种特有的气味让我非常恐惧。

为了走秘密小道，我决定逃一次课。

以往的不逃课就是为了必要时逃上一次。

我悄声对小狗子说，今天下午有机会了，从你的小路去火车站。小狗子支支吾吾说要上课的，他不想逃学。我恼火了，怪不得大家都说这家伙腻乎乎地难弄，他莫非要趁机提什么条件。我说，你平时三天两头逃课，根本没把读书当一回事，今天下午都是不重要的课，你却装出一副要读书的样子。我们早已有言在先，你抄我作业，连造句都帮你做，到了关键时候你可不能不讲信用。

小狗子不恼反笑，你急什么，瞧你急的，我逃的都是语文算术，那是我头疼的课，下午的两节课我都喜欢。这哪儿是喜欢上课，还不是喜欢玩吗。小狗子所谓的喜欢画画，就是裤兜里放几颗粉笔头,走到哪儿涂到哪儿,弄堂的墙上、桥墩上甚至粗一点的树干上,画个马、画个猫、画个兔子画个猪,还喜欢画男人女人,有时还在下面写别人的名字,他随意地想写谁就写谁的名字,有时还写女同学的名字。至于体育课更是玩的课,老师发几个皮球,全班男生大家分成几帮在一块空地上叫喊着狂踢,这是全班最快乐的时刻。小狗子不会踢球,他上场跑来跑去连球的边都沾不上,可是他开心,追来追去叫呵喊呵,他平时哪有机会这么放开地笑,放开地嚷。他曾经说,如果上学每天都上画画和踢球的课该多好。

小狗子确实想上这两节课。可是如果今天下午不去,以后难得再有这么好的机会了。我说画画和踢球是玩,到铁路上去不也是玩吗。

不太一样。

怎么不一样,一样的。

那好吧,我放弃一次喜欢的课吧。

瞧你,好像作了多大的牺牲,今天你带我去一次,以后就不用你带了。

你知道我还有一篇作文没做呢。

不就是一篇作文吗,我帮你做了,行了吧。我说。

那……好吧。

等等,他说,我有一只筐放在林子里,我先出校门,你待会儿出来,别让人家看出来我们是一起出去的,待会儿在檀园后面那只墙洞那儿碰头。

小狗子猫着腰走了。等了两三分钟我起身拎着书包跟了出去。

拎书包是表示我有事回家了。我背起书包出溜时,看到宏宝诧异的眼光,没等他张口问,我一溜烟拐过墙角。

一辆大客车朝着檀园驶来,我紧张而又兴奋地朝约定地点走去。

链接一:

《火车的故事》教学设计

教材说明: 本篇课文以小明和爸爸郊游见闻、对话以及查阅到的资料为线索,介绍了火车的发明、更新以及在我国的应用和发展,展现了我国铁路建设的巨大变化和取得的喜人成就,使学生学文后对火车的发展史有一个初步的认识,培养学生爱科学、爱祖国的思想感情。

设计理念: 本文是一篇介绍火车种类的常识性课文,停滞于文本中的文字描述,比较枯燥乏味。利用多媒体教学,制作各种火车的动画显得尤为重要,这样变抽象为直观,化枯燥为生动,学生在动感有趣的画面欣赏中深化对每种火车的印象,了解到火车发展的历史,可谓"轻轻松松学文本"。

链接二:

火车旅行是人生不可少的经验。它可使我们体味到告别和迎接的过程。窗外的景色以如歌行板的节奏一一过来又一一过去,这景色总是连绵不断,没有尽头。新的一幕出现了,倏忽间又过去了,欢欣与痛惜的心情接踵而来,一层漫过一层。

王安忆《乘火车旅行》

第六章
偶尔触碰到记忆深处某个细微的敏感点，
那些早已遗忘的便哗地全活了

小狗子果然在约好的地方等我。他身后是檀园长长的篱笆墙，底下有个洞口，恰好容一个人钻进去，平日被一些杂草掩盖住。他看到我就迎了上来，嘴角衔着一条茅草根。我说，走吧。他嚼了嚼嘴里的茅根，似乎在吸取茅根里稀少的甜汁。

我看看他身边问，你的筐子呢。

他说，不拿了，今天就去玩。

好极了。我非常赞同。

我们穿过马路，拐过一家农机修理厂的厂房，前面展现一片浩大的水田。水稻秧插下不久，根须刚刚扎牢，微风吹送来一阵阵青涩微甜的清香。水田中间有条细长的小路，严格说它是一条田埂。他踩了上去。我有点犹疑，这条路能走到铁路上吗，怎么看都觉得这条路方向不对，有一种走向更加广阔的田野的感觉。小狗子回头问，怎么了，还不快跟上来，抓紧点，天黑前还要赶回来。

我将信将疑地跟上。田埂窄得像一根腰带，软得像刚发好的面团，稍不小心就会踩塌。我们走得小心翼翼，走了没多远，我几次踩塌田埂，鞋子陷进泥里，鞋底湿了还粘上一层泥浆。望望前面无垠的水田,再这么走下去,这双鞋糟蹋了不说,估计到晚上也见不到火车。我起了疑心,直抱怨他怎么领了这种路,这么走下去对不对呵。小狗子不睬我,低着头在前面走。过了一会儿大约听烦了,就停下来说,你不相信我,那你回去,我一个人去。

我说,我只是说说,没有不相信。

他说,说说就是表示不相信。

没想到这家伙脾气这么倔。我说,好好,不说了不说了,你快走吧。

又走五六百米,他不朝前走了,拐进了边上一个村子。村子不大。他说这是昔山村。噢,我听说过这个村,同学里好像有昔山村的,但想不起来是谁了。我在琢磨这个地名,这儿一马平川,根本没有山,这个村名里怎么会有山呢。我正在想着,小狗子说,这儿老早有一座小山,后来农民挖掉山填掉了一条河浜,就这样把山填在河里了,土地就长出来了,可以种庄稼了。我隐约想起来,听说当年镇上曾经有一场规模宏大的义务劳动,镇上的领导、职工、学生,甚至居委里的老人都参加了,干了好几个月,才把这座山挖掉。

太可惜了,有一座山多好,可以爬爬山。

我又想起校长给我们上品德课时,讲起小镇附近曾经有座小山,是南宋抗金将领韩世忠当年所筑造的烽火台,是用来观察瞭望的,如果发现敌情,在山头点燃烟火报警。说起韩世忠,我脑子里涌出连环画看到的形象,一个飘着长长胡须的老将军,手持一柄长刀,冲锋陷阵,英勇无比,令敌人闻风丧胆。我感到惋惜,老英雄韩世忠筑造的烽火台,应该比一座真山还要珍贵呵。校长说他参加了平掉烽火台的义务劳动,抄着小车运土,手上打起了水泡。我一下子想起来了,偶尔触碰到记忆深处某个细微的敏感点,那些早已遗忘的便哗地全活了。

绕过几家农户,穿过一片竹林和一排臭烘烘的猪棚,他带我来到一个牛栏前。牛栏是空的,耕牛干活去了。旁边有一间简陋的小屋。小狗子在小屋的窗口朝里张望。我说看什么看呵,快走吧。他对我摆摆手,然后到门口去推门,门没动。他又回到窗口,将胳膊从窗口伸进去,由于伸得深,半张脸在窗栅上卡得变了形。终于我听到了门栓的响声,门锁拨开了。我很害怕,你要干什么,小心被人抓住。他没有理我,推门进去。我四处察看,不敢进去。他招招手,我还是在门口看着,他在屋角的一只麻袋前,张开袋口,一股诱人的香气扑来,伸手抓起一把橙黄色的东西朝衣袋里塞。准是豆饼。他回头对我说,你还愣着干吗。我也赶紧进去,也从麻袋里慌忙抓几把塞进衣袋。然后连忙出去,把门掩上。

我们走了几步就看到一个老农民走过,他看看我们,朝着牛栏走去。我们一本正经地走着,用手掩着鼓鼓囊囊的口袋。走出了这个村子,我想好险呵,再迟一点就会被堵在小屋里,人赃俱获。我问,你怎么知道这里有豆饼呵。他说有牛栏的地方就有,这是用来喂牲口的。用这么香的豆饼喂牲口,真是浪费呵。他说,牛比人重要,牛要耕地,一头牛比十个人的作用还大,有时等于一台小拖拉机。他又说,这个村子的农民非常野蛮,被他们抓住了会捆起来打,不打残是不歇手的。

我背脊掠过一丝凉意,后怕不已。

回望村子,一切平静。大白天人们都去田里干活了。我们看到一群鸭子大摇大摆走过,到了河边都扑棱着下去了,溅起一大片水花。我们沿着这条河一路走着,走了不知多少时间,我说要不要休息一下,小狗子说好的。我们在一块青草地上坐下了。

一条空的水泥船停在河边。

舱底有一点发绿的积水,水里有只灰色小蛙。

它是怎么进去的,也许是为了一试自己的腿力,从岸边斜坡上蹦进去的,它不知道这个空荡荡的船舱是危险的。它正在一次次蹦跳,试图跳出船舱,可是每次都被舱壁挡住跌落下来。它觉得跳不出去,改为往上爬,它后腿支撑前腿伸直,几乎贴在舱壁上,舱壁太陡,站立起来就往下滑。小灰蛙背上有条极细的红线,平时挺机灵,隐蔽性也好,很难抓住它。它这么无休止地尝试和失败,体力在消耗,最终一定奄奄一息在里面等死。我不忍心看,我想如果我处在这种绝境下,会是怎样的绝望和恐惧。

我只要下去几步,就可以将小蛙解救出来,可以救一条小小的生命。我真的想这么做,我差不多就要抬起屁股了,小狗子说话了,走吧,要抓紧时间赶路了。我说,船舱里那只小青蛙蛮可怜的,要不要把它弄出来。他大声道,你闲得没事呵,还有好些路要走,否则来不及了。我只好打消了解救小灰蛙的想法,跟他上路了。

走过几步路,我回头再看小灰蛙,它不再跳跃了,也不爬立起来,而是趴在舱底一动不动。也许它绝望了认命了。等待它的不是饿死就是被太阳烤干。

我们沿着河流走。路边是高高低低的芦苇丛,时而挡住看河面的视线。一路上我们两人没说什么,安静得能听到彼此的喘气声和脚步声。前方突然响起了两声短促的汽笛,小狗子特意朝我看一眼,意思是听到吗,这条路没错吧。

前面仿佛是一片荒野地。河边的芦苇渐渐稀疏,水面挤满了水浮莲和带紫边的野菱叶,散发一股草叶和鱼腥混合的气味。偶尔水中冒出一串水泡,说明里面有鱼。岸边多了各种树木和低矮灌木,里面传来嘀嘀咕咕的鸣叫,有时我们的脚步声惊动,会从中蹿出什么扑通一声跳进河里。小狗子说那是"老山东",他说三只就可以烧一碗,味道特别鲜。"老山东"是一种个头特大的青蛙,抓在手里会咕咕叫,我至今不明白它为什么得这个绰号。我从不这么叫,我父辈是山东人,把大青蛙叫"老山东"多少有不尊重的意思。小狗子从口袋里掰出一块豆饼丢进嘴里,我也学他的样子,豆饼很硬很香,一时咬不开,要含一会儿,让唾液先濡湿,软化它,然后就能嚼碎。小狗子说,一下子不要吃得太多,会拉不出屎的。我知道,豆饼在肚子里会结块,让屎干硬结块,堵在肛门口出不来。他说,这东西吃多了还不能喝水,一喝肚子胀得像个石鼓,吐不出又拉不出,弄不好要开刀。我半信半疑听着。二年级时有个同学带来巴掌大一块豆饼,大家敲碎了一抢而光,我没抢着,有人分给我一点,咯嘣咯嘣,蛮香的。我相信小狗子的话,不敢多吃。

我将少许豆饼碎屑撒进河里,几尾细长的鱼窜出来抢食,不一会儿水面又恢复了平静。

前方的路越来越不清晰,我们踩着刷刷作响的草丛走,树丛里不时有鸟扑簌簌飞走。有时遇到茅草和灌木丛挡道,我们拨开空当往前走。真如小狗子说的,这儿很少有人来的。

远处传来有人的说话声。我发现河边树丛高高低低的树叶上，常常有一摊摊白色的痕迹，就像是石灰水洒在上面。这儿人都没有，谁将石灰水洒在树叶上呢，为什么要洒呢。我百思不得其解，只好问小狗子。小狗子瞄了一眼说，是鸟拉的屎。我不知道他是不是在哄骗我。树丛里真有各种各样的鸟，说是它们的屎也有可能。鸟屎是白的吗。我不解地问，鸟吃的东西是各种各样，为什么拉出来的是白屎。他瞄了我一眼说，化学反应。接着说，人吃的米饭又白又香，拉出来的屎又黄又臭，一个道理，就是化学反应。这家伙连四则运算都困难，却跟我谈什么化学反应，真让我又好气又好笑，因为他正带着我抄近路，我就没有笑话他。我把这个问题丢在一边，又想起船舱里那只小灰蛙。

小灰蛙此刻在做什么，如果反复爬反复跳，只能累死在船舱里。如果聪明一点，应该学会养精蓄锐，舱里的积水虽然少，一时干不了，至少可以解解渴，饿了，应该有蚊蝇和草屑果腹，过上几天它长大一点，腿上有劲了，有劲到只要一跳就能出去，就能获得新生。

可惜小灰蛙不会这么思考。

又有一声声火车汽笛传来，此起彼伏，好像在呼唤应答。

河流的狭窄处出现一根横跨两端的石条。小狗子说，从桥上走过去，沿着对岸再走不多路就到了。他说有一次他看到河里一条蛇在游，蛇的脑袋昂得高高的，蛇身是红黄相间，像火赤练。他说的火赤练是一种花蛇。我四下察看着问，火赤练有毒吗。他说，没有毒，土灰蛇有毒，竹叶青也有毒，竹叶青趴在竹枝上不动，你一点也看不出它。他说，要看蛇头，蛇头是三角形的是毒蛇。我联想丰富地说，人家说长着三角眼的人也是坏人。他笑了，那不搭界那不搭界。去年学校大扫除，在清理外面一堆建造学校留下的建筑垃圾时，有人掀起一块石头，大叫一声，蛇！石头翻在一边了，一条灰色的蛇蜷曲在下面。它被突然的光亮怔住了，蠕动起来。我们退得老远，用砖块和石块砸它。宏宝走来了，制止住大家。他不慌不忙上去，我们小心翼翼跟在后面。蛇可能被砸伤了，游动缓慢。宏宝上前一把抓起蛇的尾巴梢，蛇扭过头来想咬他，宏宝将蛇拿在手里抡了起来，蛇来不及攻击，就被直直抡成一个圈。大伙哗地又退到远处，一齐喝彩。他抡着抡着突然一脱手，那条蛇呼地过来，我一低头，从我头顶上呼地过去了。我吓得魂都快没了。宏宝又赶上去，抓起半死不活的蛇尾，抡起来往大石头上猛甩，几下下来蛇头就扁了，出血了。这下真的死了。我冲着宏宝发火，你、你怎么能这样，这条蛇如果掉在身上，咬一口怎么办。宏宝却不在乎地嘻嘻笑。

老师也过来了，他们看看地上的死蛇说，哟，这是蝮蛇，有毒呵。我们说宏宝用手去抓蛇，老师说这是非常危险的。我看着死蛇阴鸷的小眼珠，身上惊出一身冷汗。这次宏宝甩死蛇的壮举，很快传遍全镇，而且越传越神，甚至传到后来，说蛇是被宏宝发功而死的，连我这个当事人说话都没人相信。

他在前面走，走路的样子一耸一耸，像只松鼠。以前觉得他有点孤僻，不太合群，和大家在一起玩，也是不太爱热闹，不过有时会冒出几句让人感到突兀的话，仔细想想还是蛮有意思的。要不是我跟他结上"一对一"，给他抄作业和他做了交易，我们是不会如此接近的。

又听到三声短促的汽笛,仿佛近在咫尺。

河流在前面拐了一个弯,向东面而去。拐弯处有个村庄悄然守候。村庄很小,五六户人家。我们绕过村庄来到了一片空旷的荒地。荒地上堆着好些废弃的钢铁机部件。小狗子说,这些废钢铁如果搬得动,弄到废品站去可以卖多少钱呵。我看了看说,谁搬得动呵,没有起重机谁也挪不动。我一抬头意外看见对面高高的路坡,坡上不就是铁路吗。

我大声说,铁路,到了。

小狗子喊一声,冲呵。

我们撒腿奔过荒地冲上斜坡,眼前是一条条灿亮的伸展到远方的铁轨。太阳在头顶偏下一点,应该是两点多钟光景。我们走了不到一个小时,不得不承认,这确是一条近路。不过这条小路过于隐秘,也过于曲折,要我再走一遍,我不能保证不迷路。我一个人无论如何是不敢走的。

我说,小狗子你真像个密探。

小狗子说,这条路你不能告诉别人,对宏宝也不要说。

我由于兴奋,夸张地说,放心吧,即使对我严刑拷打,上老虎凳,我也绝不招供。

他乐了,你真会装腔作势。

我这句看似玩笑话,其实是发自内心的。

前方有两个火车头趴在原地呼呼喘气,好像两头被人追了一阵的困兽,好不容易摆脱了,侥幸地在歇歇。一列长长的装着二十多台鲜红拖拉机的火车往北方开去。小狗子羡慕地说,一台拖拉机值多少钱,一台的钱天天吃鱼吃肉能吃十年吧。我说,不知道，看你说得口水都出来了，这拖拉机的脑子你都敢动呵。他说，随便说说，这种拖拉机卖给谁去。我说，可不是，你呀就弄点豆饼之类的。他怔了怔说，豆饼，那算什么，以后我搞到好东西跟你一起享受。

我一撇嘴说，算了吧。不过小狗子口袋里常常有钱，甚至多达好几元。

远远看去，编组站办公楼附近有人进进出出。

一个扳道工从岔道那儿走来，边走边掏出怀表看。铁路工人收入高，他们都有手表和自行车，有不少人爱用怀表，我觉得掏出怀表看的样子特别有派头。铁路职工子女上中学要上镇里，他们是骑着自行车去的，有时一个骑后面还带一个。他们一路上追追赶赶、吵吵嚷嚷，十分快活。

住在镇上的学生，家里拥有自行车的很少，经济条件跟铁路职工不能比。就连公家的也不多的，父亲单位好几十个人，只有两辆公车，老得都没牙了。父亲骑回家的是一辆永久牌的，车身由原来的黑色被漆成草绿色了。爸爸难得骑回家，要么第二天一早下乡或者去县城开会他才骑回家，到县城去要骑一个多小时。我虽然算是学会骑自行车了，但是练习机会太少，还不熟练。弟弟也要学，他人小腿短，跨不上去，可是每次爸爸的车来了他都要跟我抢，丝毫不让，为此我们常常吵起来。结果是两个人都没得骑，以爸爸生气地将自行车一锁了之完结。因此每次爸爸将自行车骑回家，总是经历一个先欢喜，后争吵，最后生气的过程。

铁路上的孩子跟我们不一样，他们女生和男生能够随便说话，玩耍，甚至打闹。我们既羡慕又反感，反正心里有种怪怪的味道。

我们班里的男女生一般不说话，有时有事简单说几句，越简单越快越好。

一列货车从跟前经过，每节车皮都用灰色的帆布严严遮盖起来，我跟小狗子猜想里面有什么，我们两人轮流报出里面的物品，是糖果，是蜜饯，是水果，是糕饼，反正都是我们想吃的好东西。这种猜想毫无意义，因为无法证实谁对谁错，一直看着火车越开越远，由于想到吃的东西，肚子里咕咕叫，就像将青蛙握在手里发出的声音。船舱里的小灰蛙还活着吗。它聪明一点的话，应该养精蓄锐。我这才想起当初应该往船舱里丢一点豆饼，给它当口粮，当时怎么没有想到。此刻我的肚子真的饿了，而且感觉口渴。奇怪的是一感到口渴，这种感觉就不可抑止地强烈起来。

河塘到处有，脏水不敢喝，还是忍一忍。可是越忍越渴得厉害，嗓子眼像砂纸一样毛糙。我远远望见有几面旗子迎风招展，那儿一定是工地，有工地就有茶桶。工地上的茶桶通常放在路边。香香的大麦茶。

小石马应该还在原地，它四条短腿是四根石柱，它不迈动谁也搬不动它。小石马在一片夯土机的嘭嘭声和马达轰鸣中，在工人粗声粗气的吆喝声中，默默地站立着。我想为它安排最好的去处是到檀园，摆在滑梯、独木桥和秋千的旁边，天天跟孩子在一起。它这么重，没有载重汽车根本运不过去。

我想朝工地跑去，小狗子说，别去了，时间不早，我们去火车站吧。我们沿着铁路往北去火车站。我们有时走在两根铁轨中间，踩着一根根枕木，有时将铁轨当独木桥，在上面摇摇晃晃地走。我一直警觉地看着前后方有没有火车开来。我还趴在铁轨上听听动静，据说远处有火车来能听出来。小狗子不屑地说，火车来了声音很大，到时跳出铁轨来得及。

我不敢，太危险了。我从路基上跳了下来，他依然踩着枕木往前走。走着走着，我们终于来到火车站了。路边两个铁路上的人坐着歇息，看到小狗子说，你怎么又来了，是不是看上什么好东西了。

小狗子横了一眼，嘀咕一句很下流的脏话。

我生怕那两个人听到上来揍他，可是他们没当回事，指着小狗子说，你别凶，到时候逮住了，把你关起来。

小狗子没睬他们。

两个人看到我说，哟哟，有新朋友，人家规规矩矩的，不要被你带成一个臭蛋子。

我想顶他们几句，向小狗子表表态度，可一时想不出话，就横了他们一眼。

小狗子却回嘴了，我要把他带成你们的爹。

他们笑了，臭蛋子，看我们到时候收拾你，把你整得像猪叫。

火车站好多人都认识小狗子，他们瞧不上他，但没有太大的敌意，跟他打打趣，用一些狠话刺激他。如果他们知道小狗子妹妹的事，或许应该对他有点同情。

我们走进候车厅，候车厅里有两个看上去像附近干活的人在休息。小狗子推开前面一扇木门，靠墙有个水龙头，他轻轻拧开，嘴巴凑上去咕噜咕噜一阵痛饮，然后把位子让给我。我用手擦了擦出水口，凑上去喝了起来，由于喝得太猛，呛了好几下。清水进入喉咙往全身缓缓输送，每一个细胞都张开小嘴在喝水，我觉得整个人都滋润了。喝完水，我们走向小店。小狗子说，我有两角钱，去小店看看。我不好意思地说，我出来时没带钱，下次我来。

经过杂货店时，我们进去看看。

有个梳短辫的女孩子趴在柜台上，听到动静她回头看了一眼，乌黑的眼珠一闪。我一下子想起来了，她就是上次在这儿见过的女孩，叫小瑾。她又回头去看着柜台里，我的心咚咚咚敲起小鼓。她让我想起弄堂口鞋匠店的花猫，总是懒洋洋趴着，对人爱理不理的。我常去逗它，惹它，想激怒它，可它就是不理你，最多躲得远一点。

小狗子上去挨着小瑾趴在柜台上，对营业员大声嚷嚷，来三支泡泡糖。我们是肚子饿，应该吃点糕饼，怎么买泡泡糖。女孩子才喜欢嚼泡泡糖，像螃蟹似的吐泡泡。男孩一般没这耐心，我不会吐泡泡，泡泡糖放进嘴里把甜味嚼光就吐掉了。

小狗子接过三支泡泡糖，回头丢一支给我，自言自语道，多出一支。他转身对小瑾说，这支泡泡糖给你吧，我认识你的。我被他这举动吓了一跳。

那支泡泡糖落在玻璃柜台上。小瑾稍稍一愣，并不特别意外。她看着小狗子，似乎犹豫了一下，伸手将泡泡糖拿了。她箍在手腕上的一根橡皮筋，鲜红鲜红的，在我眼前一闪。不知怎么的，我希望她婉言拒绝。我有点失望。小狗子贼兮兮地笑了。看不出，这小狗子胆子够大的。

小狗子看出我的惊异，对我说，我和小瑾早认识了。他的手往口袋一插，发出一阵硬币的叮当声。

小瑾斜靠着柜台，嚼着泡泡糖，口齿含糊地说道，你一年四季在这儿转悠，谁不认识你，咦，今天怎么空着双手。她是指他没有捡煤渣。

小狗子嘿嘿笑了，难得陪朋友出来玩玩。

他，朋友。小瑾指指我。

是的。小狗子说，我朋友难得过来玩，他在我们学校读书第一名，方老师叫他和我结对的。

我赶紧纠正他，没有没有，我没有得过全校第一。

小瑾嚼了几下泡泡糖，噗地吐了一下泡泡，看着我说，我早就知道你了。

我惊异了，是吗。

她说，人家说你能同时写两篇作文。

什么叫同时写两篇作文，那怎么写。我觉得好笑，不过心里还是有点小得意。我讷讷道，哪有这种事。

小狗子说，怎么，你们认识。

我急忙辩白，没有没有，我跟她是第一次说话。

小瑾咯咯咯笑了。笑声像飞溅的玻璃珠子，把我的心撞得乱纷纷。

她说，我在吴金丹家里见过你。

我问，吴金丹，谁是吴金丹。

我们的副中队长呀，他弟弟跟你是同学，叫吴……

吴林贵。我瞬间明白过来了。吴金丹是吴林贵的姐姐。这么说来小瑾是吴林贵姐姐的同学。我在吴林贵家里，常常看到他姐姐和几个女伴回来，她们躲进房间里，像在做功课，又像在嘀咕什么，原来小瑾是其中一个。我在他家心思全被冲锋枪吸引了，一点也没注意他姐姐的那些女伴，我以为她们都是些拘谨害羞的女孩子。这么说来小瑾在读初一。

噗，小瑾吐出了一个大泡泡。我不会，小狗子也不会，他试了几下，却把一团糖胶吐到了地上，捡起来竟然又扔进嘴。我想说没说，怕小瑾笑话我们。我不再吐泡泡，一个劲地嚼，嚼得腮帮子发酸。也奇怪，嚼着泡泡糖，肚子的饥饿感好点了。

你就住在那幢黄色的楼房里吗。

那就是职工楼。

真开心，你住在这里，可以天天在铁路上玩。我们老远过来，脚都走酸了。

铁路有什么好，不如住在镇上，什么时候就能逛街。

火车晚上从门前开过，你睡得着吗。

她笑了，当然睡得着了，一觉睡到大天亮。火车声音再响，睡着了就听不见了。

我说，睡着了当然听不见，可是会吵醒的。

她说，听惯了，对我来说，火车开过是没有感觉的。

我疑惑不解，是吗。

她说，我喜欢逛商店，看各种新的商品，如果我住在镇上我就天天逛商店，天天看柜台里的商品。

我说，你有那么多钱买吗。

她说，不买，看看也开心。

小狗子插嘴说，没有钱你再怎么看也看不到你家里去，把东西弄回家那才叫开心。

小瑾一扭身，哼，我才不要，我只要看看。

小瑾这种小女孩的神情，可爱极了。

她忽然话题一转说，不过这儿也挺好的，我有个秘密地方，有个旧的空车厢。

小狗子说，是不是在西边编组站空地上，那哪是你的，我经常去。

小瑾说，那当然是我的，不过你们要用可以借给你们用。

她真把那空车厢当成她的了，也许应该归她，她住在铁路边，父母是铁路职工，应该归她。可是她挡得住别人进去吗。小瑾又吹了个大泡泡，泡泡瘪掉后，薄薄的胶皮粘在她小巧的鼻子上，她咯咯笑着把它扯下来。她问我们要不要学吹泡泡。我们说我们会的，只是不想吹。她不信，她示范给我们看，伸出舌尖，上面顶着一小团糖胶，教我们怎么用上颚压平，放在两齿间，然后用劲吹。

我和小狗子都跟她学。

小瑾看看门外晚霞，说要回家了，她要去做晚饭。

我说我们也要走了。走出店门，小瑾指着那幢楼说，我住在二楼，东面那间。她伸手的瞬间，又露出手腕上那根鲜红的橡皮筋，那是她的小饰品吗。

小瑾的身影远去了，我仿佛还听到她吐泡泡的噗噗声，心里充溢着一种轻盈的快乐。跟小瑾说话真的很放松。小狗子拍我一下，走吧，不要再看了。

回家路上我说，你我都不会吹泡泡，你却买了三支泡泡糖，你家伙存心要讨好小瑾。

小狗子低着头,用脚踩自己地上的影子,一声不吭。他不会不开心吧,他买了泡泡糖鼓足勇气和她搭讪,结果我和小瑾讲了那么多话,他却冷落在一边。

我说,小瑾这个女孩……我欲言又止,我怕说多了小狗子有想法。小狗子看上去蔫蔫的,却有这样的心计和胆量,突然送泡泡糖给小瑾,真的吓我一跳。他到火车站来得多了,见过小瑾多次,虽然没有什么交往,至少他认为是熟人。

天快擦黑,远远看镇上的街灯亮了,似乎还传来店铺啪啪上门板和挂上锁链的响声。我们在岔道分手,各怀着心思回家。真没想到,小瑾早就认识我了,由此我想起吴林贵,曾经是那么好的朋友,友情消失得那么快……

链接一:

慢火车火车慢

我要爬过爱情这座山

就算泪会流气会喘

也是最美的挑战

慢火车火车慢

我只能前进不能回转

因为心中燃烧着柔情

慢火车也能爬上山顶端

……

歌曲《慢火车》万芳演唱 郑华娟作词

链接二：

火车站又小又旧，黄不棱登，灰不溜秋，两侧都竖着水泥栏杆。栏杆里面，就是上下车的月台。我下了火车，只见车站广场冷冷清清，一个孩子穿着冰鞋，在大树下的平地上独自滑行。

我想，很久以前，我也在这里玩耍过。这个平静的广场，确实唤起我某种回忆。是我祖父奥瓦尔·德·吕兹乘火车从巴黎来接我，还是我去巴黎看他呢？夏天傍晚，祖母玛贝尔·多纳于厄常带我去接站，到月台上等待他。

莫狄亚诺《暗店街》

链接三：

商人吉米在铁路上做了多年买卖，这天他偶然发现一列火车准时到了站。他连忙到列车员跟前说："请接受我的祝贺，我在这条铁路上跑了15年，这还是第一次见到火车正点到站。""谢谢你的祝贺，"列车员说，"不过，这是昨天的列车。"

《外国小幽默》

第七章
捧着台钟一路小跑，
钟摆在我怀里像一颗叮咚乱撞的心

这条秘密小路比原先那条路要近多了，虽然有点荒凉，有点冷清，还是一条好路。

我难得有几个硬币，那是硬抠下来的早餐钱。我不吃油条、不喝豆浆，只买一块干乎乎的羌饼吃，可以省下五分钱。五分钱是一笔可观的财富。我一只手时时插进口袋里，掌心握着硬币，我不断控制自己不要一冲动，将被手汗湿润的硬币花出去。钱在口袋里在掌心里，有一种拥有的感觉，这种感觉真好，你会享受这些钱带来的多种可能性。这些钱可以变成糖果、蜜饯、雪饼、水果、馄饨、电影票、玻璃弹子、连环画以及友情等等，一旦花出去只能成为其中一件，其他的可能性顿时消失，想象的快乐也消失了。

我觉得自己需要拥有钱，能有几角钱，那简直是太大的幸福。

机会终于来了。

事情要从我家的那只台钟说起。

这座台钟多年来好好的，突然出了怪毛病。它指针走得还是很准，钟摆还是不停地摆动，钟声也依然响亮，就是到点时它竟乱敲钟，根本不管实际时间。举例说，指针明明指在三点整，钟声却悠悠地敲了五下,有时更离谱,明明是十一点,它却马马虎虎敲了两下就戛然而止。仿佛躲在里面敲钟的小侏儒,昏昏沉沉的,懒洋洋地胡乱敲几下又一屁股躺下,呼呼地睡开了。有几次在深更半夜,它一本正经地敲了七下,害得奶奶慌忙起来,以为天亮了睡过头了。弟弟开心地说,台钟发神经病了。奶奶却忧心忡忡,她嘴上不说,我知道她认为这是一种不吉利的兆头。

她一再叮嘱,这些日子不许去河边、公路上,不许爬树和爬墙,我和弟弟都没往心上去。

奶奶这种想法也许是从母鸡打鸣引申来的。两年前,我家一只母鸡突然跟着邻家的小公鸡学会打鸣了。这让我十分好笑,以为是这只母鸡的聪明才智的显示,是它善于学习的结果。尽管它的打鸣不专业,没有真正的雄鸡那种高亢的气势,更像是打了一个长一点的哈欠。奶奶可是惊慌失措,几天后就将它宰了煮了一锅汤。我吃着鸡肉说着笑话,这只母鸡太聪明了,靠自学学会了打鸣,以后公鸡也要努力学着下蛋呵。奶奶喝断我,说吃饭时不要胡说八道,她的心里不安宁呵。我看过《十万个为什么》,里面专门有一节"母鸡打鸣是不是有祸",用科学道理讲得明明白白,结论就是一句话,无稽之谈。奶奶不认字不怪她。

奶奶看台钟的眼神好像在看一只怪物。台钟毕竟是机器,用了那么多年出点故障是正常的。奶奶跟爸爸说,快去把台钟修理一下。爸爸一次次答应,一早匆匆出去上班忘记了,下班回家钟表店早就关门了。好几天不见行动,奶奶着急了,台钟虽然一个劲地乱敲,它的时针和分针还是相当准,不耽误看时间。终于在星期天,奶奶将台钟直接摆在饭桌上,意思是今天无论如何要送它去修理了。

爸爸抱着它上了街。

家里没有了台钟，奶奶失去了基本的时间概念，每做一点点事情都要支使我和弟弟到邻居家去看时间，弄得我俩老是从邻居家里匆匆进出，大声向她报时间。

奶奶没有了台钟，看到天有点擦黑就叫我们上床，天有点朦胧亮就叫着起床。有一次我吃了早饭上学去，走在路上觉得不对劲，到了学校看到校门紧闭，只好自个儿玩打弹子等工友开门，回家气得跟奶奶大吵一通。

没有台钟的夜晚，显得格外静寂，仿佛能听到自己的心脏跳动。人是一座钟，心脏也就是一只钟摆。邪门的是在没有台钟的夜里，我竟然还听到钟摆的嘀嗒声，那熟悉的嘀嗒嘀嗒声又响了起来，你说奇怪吗。

星期五，就是台钟送去修理的第六天，爸爸给了我一张单子，叫我到百艺社去将修好的台钟拿回来，并给了我一元钱，想了想又给了一张五角的。他说不知道钟坏了什么，这些钱应该够了。我说应该够了。我将纸币叠好小心翼翼地放进口袋，顿时腰杆子直了起来，仿佛我已是这些钱的主人了。

百艺社是一家综合性的服务门市部，有修钟表、刻图章、配钥匙、修收音机、修雨伞和修喷雾器等。修钟表的柜台里面满墙壁、桌子上甚至地上摆的都是大小、形态不一的时钟，它们发出一片嘀嗒杂乱的声音，好像无数雨点在屋顶、窗子、水塘上弹跳。它们指针胡乱向着四面八方，各不相同。有些指针都在一个方向，表示它们是修好了。三个穿着工作服的人在伏案修理，他们一只眼睛上戴一只黑色的筒状玩意，我想那是一只高级的专用放大镜。看他们全神贯注的样子，似乎在窥视某些不为人知的隐秘。一个矮老头扭头看了看我，我递上单子。他取下黑色套筒，打量了一眼单子上的字，站起身，在摆满了十几只钟的木架上扫视。我一眼就找到了，尽管有几只跟我家的样式差不多的台钟，我还是一眼认出混迹其中的自家的台钟。它好像嬉皮笑脸地看着我，钟摆在摇头晃脑，表示离开家的这些日子过得还不错。我正要指给老头看，老头也看到了，他取下拿了过来。

我手伸进口袋里，多少钱。老头说，这个台钟没坏，你回去以后上发条拨好时针和分针，拨到几点钟要跟敲几下钟声相配，如果钟声跟钟点配不上，你要将钟声一次次敲过来，一直敲到指针的点上。千万不能一个劲地拨指针，对钟声不管不顾。我教教你。

他教我如何拨分针，带动时针，等时针到了点，再等相应的钟声敲过，再拨下一步，一步一步来，虽然有点麻烦，我还是听懂了。老头说，这钟没坏，钱就不收了。我连声说，谢谢谢谢。

没有想到分文未动，台钟就好了。爸爸自然也不会想到。我的脑子一动，这是个极好机会。虽然有点害怕，但我觉得不太可能被发现。全部留下我不敢，我留下五角钱，将一元还给父亲，不，整数显得不自然，我留下四角钱，还给父亲一元一角，这样比较好，轻松到手四角钱。四角钱，这是从来没有的，太多了吧。考虑再三我决定留下三角五分，也显得更真实些。

捧着台钟一路小跑，钟摆在我怀里像一颗叮咚乱撞的心。路过小店，我买了五分钱洋桃片，将五角钱破开。奶奶看到台钟回来，像迎接宝物，用抹布将它擦拭一遍，摆上了五斗橱。

我跟奶奶说，台钟只有一点小毛病。我按照钟表店的方法，给奶奶示范了一遍。奶奶说，怪不得，我说钟怎么说坏就坏，这可是上海的老名牌。接着说，修台钟收了多少钱，应该不贵吧。我一时没反应过来说，钱么，总要收一点的，这种台钟人家打开检查一遍就要收钱的。奶奶说，那也是。奶奶又问多少。我说三角五分。奶奶说，还行。

爸爸回家，我将一元一角五分递给他，爸爸看了一眼五斗橱上的台钟，把钱放进口袋，什么也没问。我松了口气。

我的床边有个竹书架，竹子上都有深褐色斑点，我原以为是烟熏火燎出来的，后来才知道是天然的，叫斑竹，据说还有什么爱情传说。书架有四层，只有第二层摆着书：一本很厚的苏联小说《勇敢》，我几次拿起来，翻了几页实在看不下去；《战国策选译》《革命歌曲选》《雷锋日记》，还有三本旧的《十万个为什么》化学、动物和气象分册，一本艾思奇的哲学书等。书架的其他三层都是我和弟弟的布鞋、球鞋、一只刷子、两把弹弓、一把水枪、几本没头没尾的连环画、一副旧手套等。这是我和弟弟拥有的全部玩具和课外图书。实在闲得慌，我把这些书不管懂不懂，胡乱翻过一阵。不喜欢。我喜欢看有图画的小人书。我到处借连环画看，不管是同学还是别的人，有了钱也不买零食了，到香花桥下的书摊上去，挑几本连环画坐着慢慢看，真是一大快事。

现在我有三毛钱，称得上是一笔财富，要找个安全地方藏起来。我环顾四周，将钱塞进书架的一只脚里，这是神仙也找不到的地方。有钱，我底气足了。跟伙伴们在一起，我没少吃他们的东西，自己有点钱，必须在关键时刻拿出来的。

我每次经过常兴楼下的海棠糕摊位，闻到从滋滋响的铁模里升腾起的香味，那是调着蔗糖的白面包着猪油粒、豆沙和葡萄干馅的味道，烤得金黄滋油，馋得我身子都软了。我真想飞快回家去取钱，可是不行。我对自己说要有自制力。

我坚信，有钱在比什么都强。就这样，十几天过去了，书架脚底的三毛钱我碰都没去碰一下，这该有多么巨大的自制力。

我为自己的意志力而自豪，可是我的好感觉被方老师破坏了。

这天她照例在正式讲课文前先表扬一下近来的好人好事，又讲了一通思想品德的重要性。讲到艰苦朴素这个话题时，她脸色一沉，说班里有的学生，年纪小小就穿上高级毛料。她说，我还没有穿过毛料呢，家长爱子女要爱在点子上，不注意恰恰会害了他。接着她讲了一通道理，什么脸蛋漂亮衣服光鲜不是真正的美，思想好品德好才叫真正的美。她的观点我赞同，但老是多讲就觉得有些烦。我还是微微点头表示赞同。

不知怎么，我渐渐觉得不太对劲。方老师讲话时斜睨了我几眼，我的前后左右也跟着亮起好多闪闪烁烁的眼睛，就像游泳时四周一片闪烁的水光。怎么回事，我不解地四周望望。我发现他们都在瞅我的裤子。我脑子一阵发晕，方老师刚才批评的难道是我。

我这条裤子是舅舅的一条旧毛料裤改的，料子是那种浅咖啡色带着深色条纹的毛料，电影里旧上海的阿飞常穿的那种。舅舅是上海人，住在淮海路一家南北货商店旁边的弄堂里，他比我大五六岁，一年前他身体发育一蹿老高，穿不下它了，扔掉又不舍得，就让妈妈带回来为我改做一条裤子。这种衣料穿着一点也不舒服，会刺得皮肤发痒，还不如我原先那条蓝布裤舒适。偶尔有大人看到我会说这裤子是毛料的，挺高级的，我从来没有拿它当回事，只是这种咖啡颜色跟一般人穿的蓝布不一样，显得很不协调。

王苏金兴奋不已，屁股在凳子上扭来扭去，班里有人遇到事他就躁动不安。方老师拍拍他说，坐坐好，别老动。

由于事发突然，我头脑嗡的一声，一时反应不过来。我认定这是方老师故意找碴，虽然方老师对我不像姚老师那么重视，但我一直想试图表现得好一点，可是努力下来效果甚微。怎么会这样呢，我稍稍冷静一下，考虑应该如何表示自己的不满，以摆脱目前这种尴尬境地。忽听到有人在嘀咕，我一看是吴林贵，他像自言自语但是声音很清晰，他说，天帆的这条裤子其实很旧了，上面的毛头都磨平了。他不是发言也不像正式发表意见。他说这话是什么意思，是在说出我的裤子不值钱。他这么一说明显是指方老师不懂。他是在为从前的好朋友说句公道话吗。他家开过棉布店，他妈妈现在还在卖布，他当然懂布料。他的话让我精神上的重负卸了下来，大家的内心也仿佛发出一声，噢，意思是不过如此。

方老师停了下来，她没有朝吴林贵看，没有讲话被打断的恼火，她只是顿了顿说，以后大家发言要举手，不要在下面随便发表议论。她说的是"大家"，没有点吴林贵，也没有对吴林贵的话作评论。我心里对方老师的不满不仅没有平息，反而更深了。我要表示这种不满，其实手段极其有限，我想到一招，以后凡是方老师的课特别是她的公开课，我不再举手发言了，即使点我名，我也消极应付。

方老师作为先进教师，经常有外校的老师来听课，也有师范学校的学生来听课，有时来三五个、六七个，有时十几个、几十个，将教室挤得满满的，有时甚至窗口外的走廊里也站了人。这种公开课是需要学生配合的，我经常被点名起来发言，而且时有超水平发挥，听课的老师会频频点头。我这是在为方老师脸上添光，她却一点也不领情。从此以后公开课上我再也不发言了。

下课以后，宏宝过来摸摸我的毛料裤，说这有什么好的，跟麻袋片差不多。秦玉林也来摸摸，也都说不出什么好的。李小琳走过我旁边时悄悄说，你这条毛料裤真的很高级，人家却说你不值钱，我想他不是不懂吧。她指的是吴林贵。她不知道吴林贵说我的料子旧恰恰是帮我的忙。我不跟她多解释，只是嗯嗯嗯地应付。有同学说，这种料子过去是阿飞穿的，不过那是上装，做成裤子就不像阿飞了。我当初看到舅舅穿的时候也有这种感觉。妈妈要将它改成我的裤子，我执意不要，奶奶说，你傻呵，这是多么好的料子，你看看全镇有几个人能穿上这种料子的。我说，那就给弟弟穿。奶奶说，他还小，先给你穿，穿不下了再给他穿，好东西不能浪费了。刚好被门口玩翻牌子的弟弟听见一句，冲进来嚷嚷，你们又有什么东西不给我了。奶奶费了好大劲才跟他说清楚。

为了表示对吴林贵的感激，我朝他笑笑说，你对布料真是精通。他淡淡地说，本来么。我是没话找话，人家家里开布店的，能不精通吗。我说，其实这种料子穿着毛刺刺地扎人，很不舒服。

吴林贵说，粗花呢本来不是贴身穿的。噢，他真的懂。我忽然想起火车站小店遇到的小瑾了，问道，小瑾你认识吗。吴林贵看着我的脸说，是火车站的吗。我说，是的。他说，是我姐的同学，你怎么认识她。我说，我们到火车站去玩，正好在小店里遇见她，聊着聊着就认识了。他说，噢，那蛮好。他说话怪怪的，什么叫蛮好。我们两人好久没一起玩，彼此说话多少有点隔阂，说半句留半句的。他本来话不多，但过去是有啥说啥，不像现在这样。

我说，刚才课堂上的事还要谢谢你。他一笑，方老师不懂衣料，看她穿的衣服就知道了。我说可不是，一看就知道，她根本不懂。其实我在这方面更无知。我倒觉得方老师常穿的青色或靛蓝的布衫，干干净净，大大方方，与她的职业和年龄相称。我没见过她穿花色和丝绸的衣服，方老师这么忙碌，哪有精力关注自己的服装。姚老师不同，光围巾就有两三条，而且每次系法不同，富有变化，从衣领到裤子到鞋子，从款式到颜色都讲究。姚老师毕竟年轻，而且漂亮。

我从小就养成上课举手发言的习惯，任课的老师也都知道，因此他们一般出问题先让其他同学回答，如果没有人举手或者别人没有答对，往往最后叫我。有些比较难的问题就直接叫我起来回答。我举手姿势起先规范，手指并拢举到耳际，有时特别想表现，手便会越举越高，最后伸得笔直，有时屁股也离开了凳子。明明知道答案却憋在肚里，挺难受的。

我想好了不举手发言后，一直都在提醒自己。好几次方老师提问的话音刚落我差点就要举手，不能举不能举，我强迫自己把手放在桌子上。我的一反常态的不举手，方老师似乎不在意，同学们也不在意。这让我感到失落。一连几天的坚持，方老师开始有意识地看我一眼，但她的神情没有变化。班里有几个成绩好的同学，有的发言也很积极，还有暗中与我竞争的。我的缄默使他们失去了对手，他们也不太愿意举手了。方老师本来喜欢提问那些成绩一般的同学，一个简单的问题花费很多时间，大家也都有些不耐烦。有时她的一个提问竟然没有一个人举手，方老师有点不高兴了。她看看我，我的目光连忙避开，皱起眉头做出苦思而不解的表情。

方老师冷峻地问，这个题目我已经讲了四遍，真的这么难吗，没有一个人知道。

我将头勾得低低，方老师眼睛没有看我，却叫出我的名字。我不情愿地站了起来。她问，你也不知道吗。我松垮地站着，既不点头也不摇头。我用眼睛的余光看到，方老师灰白的额前头发下面是几条皱纹。她按按手，坐下吧。她说，既然都不懂，首先是老师的责任，是老师没有教好，下面我再讲一遍。

我心情沉重地坐下了，听方老师又"炒冷粥"，同一个内容一遍一遍讲，不厌其烦，絮絮叨叨，听了心烦，就是不懂的人也麻木了。

为了解闷，我常常将课本翻到后面的章节，仔细琢磨，看个几遍有时也明白个大概。特别下午上课时，有的学生会犯困，趴在桌子上睡着，小狗子就是其中之一，不过他不打呼噜。有的同学打呼噜，还打出尖利的哨声，把全班搞笑了，老师也跟着苦笑。方老师说，有些同学家务活多，累了，我理解。这时她往往停止讲课，叫同桌将睡着的同学推醒，有时还叫醒来的同学去外面水龙头下洗一把脸，清醒一下再来听课。当方老师在看腕上的手表，叫大家翻到练习题打钩时，意味着要下课了，大家开心了，精神也振作了，在回家作业题目上打好钩，下课铃声爽爽亮亮地响了。

方老师想了那么多办法，"一对一"方法眼看效果不佳。她是有名的先进人物，报纸上登过她的事迹，还有她在黑板前讲课的照片，说实话那张照片拍得她英姿风发，那时候她年轻，真像宣传画上的英模形象。我几次想对她退让一下，可是想想她对我的裤子毫无道理的指责，想想对我无故的苛刻要求，我还是坚持了。

方老师的课上我不仅不举手发言，还时而无精打采，时而东张西望，看看窗外树丛中的小鸟，打个小小的哈欠。后面的几个单元我都预习了，了解个大概，等她讲新内容时我一点就能懂。我的作业很少有差错，这是我认真做的，既要让方老师知道我的不满，又不能让她抓住批评我的把柄。

方老师好像没在意，她不提问我，甚至都不瞧我一眼。她对棚户区和农村的同学耐心讲解，将一道题反反复复地演绎，将公式和规律一次次归纳。永远有这么几个人，似乎永远无法搞清楚一个数与另一个数有啥关系，怎么会变成另一个看起来毫不相干的数，他们也被方老师搞得不胜其烦。方老师不放弃，她有句话，也是她的名言，就是决不让一个学生掉队。一个班级都是将来交给国家的人才，一个掉队就是一只次品，那是绝对不行的。这是方老师经常讲的。我和方老师进行着无形的较量，我要等她开口让我积极学习，那就是她有求于我，我要克制自己不要在课堂上争强好胜，以我的虚荣心导致失败。我们各不相让。

我看上去很放松，其实并不痛快，心里在较劲。

好多天过去了,我预感方老师要开始说话了。果然在放学前,方老师示意我在教室里等一等。这天我和宏宝他们约好去檀园捡蝉壳。蝉壳捡多了可以卖给中药店。他们本来想等我,结果一看是方老师找我,都偷偷溜了。

方老师微笑着走了进来,这让我感到意外而不知所措。她扫视了一下说,今天是哪个小组值日的,连放扫帚畚箕的角落都干干净净。我说是田小刚小组。她在我前边的位子上坐下问,你这些天有什么事吗。我说没有。她说,那为什么在课堂上明明懂了,却不肯举手发言,是对老师有意见吧。她这么直截了当,我反倒说不出话了,支支吾吾道,没有没有。她说,你也许不知道,我对你的要求要比其他同学高,你现在体会不到,将来就会明白的。你比我清楚,我们班里许多同学父母是干什么的,扛大包、拉人力车、当清洁工、捡破烂,不少是当农民的。他们读不好书,是他们懒吗蠢吗,不是,是他们的条件不好。作为老师,你说我要不要多帮帮他们。你跟他们玩,你玩,他们不能玩,他们是有生活压力的。方老师脸上的笑容渐渐收起来。她说,我看出来,你对我有意见,当然老师也不全是正确的,譬如,上次毛料裤子的事。但老师也没有点名呵,老师指的是一种现象,你要有则改之无则加勉,我事后听说了,你有条毛料裤子,是旧裤子改的,这是艰苦朴素,是好作风,应该表扬的。

一席话让我绷紧的神经顷刻松弛了下来,一股热乎乎的委屈从心底往上冒,经过咽喉直往眼眶里涌。我抽抽搭搭哭了。方老师好像不意外,她掏出一块手帕递给我,我摇摇手,自己抬起袖管擦着。

方老师说，好多任课老师都反映你学习有主动性，这些我都知道，你已经习惯了表扬，可能很少听到批评。我教了二十多年书，我知道怎样做对一个孩子的成长更有益，有的要表扬，有时则需要批评，有时批评对一个一直很顺利的学生更有好处。你放学回家，家里有饭吃，班里有些同学家里，要等着他们回家烧饭做菜，你要理解这一点。我要表扬你的是，能够和棚户区和农村同学交朋友，不因为他们脏和成绩差而看不起他们，他们身上有许多劳动人民的优秀品质是值得学习的。你说呢。

我点着头。

方老师起身拍了一下我的肩膀说，好了，老师就跟你聊这些。还有，过两天，有一批师范生要来听课，方老师希望你振作起来，课堂上积极发言，配合老师将公开课上好，怎么样。我点点头，想嗯一下，却哽在喉咙里发不出。

好吧，时间不早了，晚饭谁烧呵。

奶奶，我小声说。我怕不小心会哭出声。方老师又拍拍我的肩膀，我抽咽着站起身来走出教室。灰暗的天色像挂起的大幕，走出教室我听到身后方教师挪动凳子的声音。走到校门外，我想起忘了跟老师道声再见。

链接一：

"选择生活，选择工作，选择职业，选择家庭。选择他妈的一个大电视。选择洗衣机，汽车，激光唱机，电动开罐器。选择健康，低胆固醇，低糖。选择固定利率房贷。选择低价房，选择朋友，选择休闲服和配套行李箱。选择他妈的一套三件套西装。……选择DIY，在一个星期天早上，搞不清自己是谁。选择在沙发上看无聊透顶的节目，往口里塞垃圾食物。选择腐朽，由你精子造出取代你的自私小鬼，可以说是最无耻的事了。选择你的未来，选择生活。但我干吗要做？我选择不要生活，我选择其他。理由呢？没有理由。"

英国电影《猜火车》台词

链接二：

他熟悉火车站，即使一两年过去了，他仍记得那些漫步过的偏远地方的火车站。起初他还会被火车站周围的旧书市吸引，后来他更愿意去车站大厅的小酒吧，观望被世界冷落的"精神避难所"，即便它通常都处于引人注目的位置，在大片喧闹的地方占据了半个圈。火车站与这份喧闹紧密相关，他却可以脱离这份喧闹，在火车站，他能获得平和与冷静；在这里，人只是一个逃亡者，一个过客。

沃尔夫冈·希尔毕西《权宜之计》

链接三：

夜里两点：月光。火车停在
平原中心。远处，城市之光
冷冷地在地平线上闪动。

如同一个人深入梦境
返回房间时

无法记起曾到过的地方。

如同某人生命垂危

往事化作几粒光点,视平线上

一抹冰冷的小旋涡。

火车一动不动地停着

两点:明亮的月光,三两颗星星。

特朗斯特罗姆《足迹》

第八章
我一动不动,像生怕一不小心
弄出动静,惊飞一只彩羽小鸟

塔影照相馆前的连环画书摊,是镇上最吸引我的地方,这么说吧,我费尽心力省下的钱,有一半是要交给书摊老头的。书摊的广告就是挂着的几十种连环画封面,像帘子一样挂着,以纷呈的色彩和画面吸引着过往的行人。不过看书的都是孩子,大人很少问津。书摊有两条长凳和几只小板凳,供人坐着看,一分钱看两本。我是书摊的老主顾,老头见到我都会向我推荐新到的连环画。他不斤斤计较,有时会免费拿一本给我看,有的书我翻了几页觉得没意思,他可以让我换一本。

有意思的是,老头自己也常常埋头在连环画里,一个这么老的老头居然像小孩子一样喜欢看连环画真是少见。他说他这一辈子就爱看连环画,从小到大,从大到老,还没看厌,他这一生就是伴着连环画变老的。这是多大的福气呵。我可没他这种福气。他家从前是开印染店的,父母有点钱,他痴迷上连环画,一有钱就去买新出的连环画,没多久家里堆满了连环画。他说,现在好了,我喜欢它,它也报答我,它开始养活我了。他说家里还有好多连环画没拿出来。我着急地问,为什么不拿出来。他说,那些书不适合现在的社会了,拿出来会惹事的。什么内容会跟社会不适合,我马上想到的是"黄色",黄色,意味着跟女人有关,女人对我是有着诱惑力的谜。"黄色"它究竟有多么厉害,它能让人变得多坏,是像那种硫酸什么的让人的思想灼伤和腐烂吧。老头摆出来的书里,会不会混入一本"黄色"的。我充满好奇地想找一本哪怕沾有一点点"黄"的连环画。结果让我很失望。如果与老头搞好关系,他肯不肯带我去他家看几本"与社会不适合"的连环画呢。

老头书摊上的连环画我看得差不多了,有出钱借的,也有别人在看时我在他身后看的。我很少借那些新出的连环画,像《雷锋的故事》《南京路上好八连》《猪倌当专家》《罗大婶娶媳妇》《老支书的故事》等等,那些讲地主剥削农民或者加入合作社的内容看得太多了。我喜欢《蛇岛的秘密》《上甘岭》《一支驳壳枪》《深山魔影》之类的,有的我看了不止一遍。有一本新到的《豹子湾战斗》,我以为是打仗的书,随手一翻里面竟然没有一张是打仗的,全是红军开荒种地的事,真是挂羊头卖狗肉的。我差点上当。

看连环画我有一个习惯,看到书里的好人遭难,坏人猖狂,我会忍不住翻到后面去,先看结局,结局处是坏人被五花大绑或者倒在枪口下得到惩处,我的心放下了,再回到前面慢慢看下去,知道了结局有一种胸有成竹的感觉。养成习惯后,不管什么连环画都先翻到后面看看,这是我的毛病,有时很纠结,特别是有些抓特务的故事如果了解了结局,就没有悬念,看起来也不紧张了。

看一本连环画,往往有好几个脑袋凑过来"白看",你不能不让人家看,可是人多了,压在我背上直不起腰。哎哟,你们要把人压死了,直到你这么一嚷大家才意识到,也都直起腰来。我其实还是挺得意的，毕竟是我出钱借的，是我施舍给这么多双眼睛"白看"。

有一次我在看连环画《通天洞》时，觉得有人在我肩上敲了两下，我没有回头看，在看书时常有你的朋友在你肩上敲几下，打个招呼，表示下友好，这很正常。我脑袋转不过去，说一声你在后面看吧。可是那人又敲了两下。这是干什么呵。我有点生气，神经病呵，你要看就在后面看，一个劲地敲我干什么。我出钱借书的自然说话气粗。背后却传来女孩的笑声。我回头看，原来是小瑾。她走到前面，笑着说，你怎么这么凶。我不好意思地说，我还以为是哪个伙伴在闹，没想到是你。她问，你在看什么书。我说是一本讲妖精的。我突然想起她的外号就叫小妖精，担心她会不高兴，连忙补充说，是孙悟空打妖精的。她倒没在意，噢，我也看看。她在我边上挤了坐下说，我不太看小人书的，我觉得那是毛孩子看的，没想到你也喜欢看。我说，小人书很好看的。我将看了一半多的连环画又翻回去，并将书往她那儿挪一点，从头一页页翻起。她说，你翻得慢点呀，我来不及看。我就翻得慢一点，等她看了说，好了，我就翻过一页。我翻一页等她一会，在一旁用眼睛的余光看着她，自己根本看不进去。由于挤得紧，她的胸口不时碰触我的胳膊，碰触时我感到了她突起的结实胸脯，我的胳膊像被火点着，发热、发麻又敏感。我一动不敢动，她轻细的呼吸落在我的脸颊和脖颈上，微微的湿凉。她看小人书像不认字的小朋友，目光只在画面上扫一下，不去读下面的说明文字。这样她只能了解个故事梗概，不能理解书的精彩。为了看得更清楚，她有时俯下身，辫子的发梢在我脸上掠过好痒痒，我有一种恍惚的感觉。当有人从边上走过时,我下意识将身体避让一点。我四下看看附近有没有熟悉的伙伴,他们看到一定会编排出下流的故事。老头坐在小凳上眯着眼睛打盹,并没有关注我们。照相馆门口石阶上有三个小孩蹲坐在一起看小人书,还叽叽喳喳争论。一条黄狗甩着毛茸茸尾巴趴在一边。来来往往的人都在忙自己的事,没有人在关注我们。我的样子在看书,脑子里却混沌一片,下意识地翻着书页,内容我全然不知。小瑾边看边惊呼道,哟,真厉害……这是什么妖术呵……孙悟空会不会斗不过她……喔,糟了,咯咯咯,你瞧瞧这个猪八戒好滑稽呵……我随口附和着,为了说得准确点,我有时也朝书页上看一眼,努力弄明白。

小瑾像一个天真的小姑娘。她让我想起一本少女穆桂英的小人书,画面上的穆桂英就像眼前的小瑾,既英武又美丽。我眼睛在看画页,心思却在她的身体和发梢的碰触,这种轻微的碰触被我放大了,我的手和她的胳膊不经意间碰触着,我一动不动,像生怕一不小心弄出动静,惊飞一只彩羽小鸟。

小人书翻完了,我感到一阵轻松和失落。小瑾的脸红红的,黑亮的眼睛忽闪着。我低声问,你还要看吗,要看自己挑一本。她想一想,又朝路口那儿张望了一眼,点了点头。

我跟老头悄悄说,今天再看一本,钱欠着。老头说,没事。我带着小瑾到挂着林林总总封面的帘幕前挑选,我推荐她看《坟地魔影》,封面是黑夜、坟地、松林、弯腰的人影,里面的内容其实并不可怕,是讲潜伏的美蒋特务躲在一座假坟墓里发电报,被民兵们抓住的故事。她摇摇头。我指指《宝葫芦的秘密》,我看过好多遍,最能引起我的遐思,我经常在想如果得到宝葫芦,会如何让它既为我带来许多好处,又避免故事里王葆的那些麻烦。小瑾好像在犹豫。

我最喜欢的《铁道游击队》没有特别向她推荐,我不知看了多少遍还觉得没看够,我知道小瑾对此不感兴趣。我感觉到她对铁路呵、抓特务呵、打仗呵都没有什么兴趣。可以理解,女孩子都是这样。

这时身后传来一阵长长的自行车铃声,我回头看,一个比我大几岁的结实男生,扶着自行车,皱着眉朝这儿瞅着。小瑾轻声说,我该回家了。这人是谁,怎么小瑾对他言听计从,我在纳闷。

小瑾转身朝着自行车跑去。男生对我扫了一眼,脚掌在车蹬上踩了两下,跨了上去,小瑾跟着跳上后面的车座,自行车晃了几下,男生弓下腰朝着火车站方向骑去。

老头说,这姑娘读中学了吧。

我模糊地说,应该是吧。

老头不吱声了。

我问,她每天在这儿等着坐车吗。

老头也模糊地说,说不上每天,也不少。

那个男生是谁,是哥哥,没听她说起过,也许是同学,是邻居,是表哥堂兄,父母同事的儿子?谁知道。

这个晚上我失眠了,眼睛不管睁开还是闭上,都是小瑾那微笑的黑亮的眼睛。

知道了小瑾放学后经常到照相馆前等车,我每到放学前就心思不定,不管老师讲着什么,我都觉得啰啰唆唆。铃声一响,我拿起书包就跑。即使有人有事叫住我,我支吾一句,对不起我有事。我怕被扯住走不开。

我在碎石路上疾走，穿过弯曲的胡同，沿着窄窄的小街，看到前方的塔影照相馆时，我的心怦怦跳起来。

我看到了，看到了小瑾，她背对着我，在看照相馆橱窗里的照片，背着一只蓝底白花布包，这是她的特别之处，女孩子一般都用现成的书包，她的书包是自做的，背着它像个上班的小大人。橱窗里那些照片好久没换了，已经被日光晒得发淡了，有一张姑娘的笑意清纯的肖像照片，虽然也淡了，正好有种迷蒙的轻雾半掩鲜花的韵味。

我口袋里有一角钱。我没有上前去叫小瑾，而是来到书摊前，装着看挂着的连环画封面帘幕。小瑾一举一动尽在我观察中。她终于转身望望街上，目光又转到书摊上，她发现我了。我指指连环画叫她过来，她两手背在身后，好像在考虑要不要过来，接着有些忸怩地过来了。

你在干什么，想照相吗。我明知故问。

哪里呵，等车，你呢。

放学了，没事来看看有没有新的小人书。

她两手背在后面，黑亮的眼睛闪动。我的目光躲不开她突起的胸脯上，几次像蜻蜓一样慌忙掠过。她的脸微微一红。我问，你喜欢看什么你挑。她说，随便的，你借什么我看什么。听上去这话很随意，其实最不好办了。我真没注意过女孩子喜欢看什么。我从中挑了一本叫《金牛山》的，这本书说的是一对青年男女如何相爱如何克服千难万险，在一头金牛的帮助下斗败要拆散他们的妖魔，最后结成幸福夫妻。很好看的。我推荐它是有寓意的，看看小瑾有什么反应。我拿过连环画坐在条凳上，挪出旁边的位子。小瑾说，你让我自己看吧。我说，我翻书你一起看。她站在一边轻声说，还是我自己看吧。好吧，我只好将连环画递给她。

她接过书坐下。我一时拿不定主意，是不是要挨在她身边。我犹豫了一下还是靠了上去，但是没有碰到她的身体，伸长脖子看她手中的书。我想再靠上去一点，又怕小瑾会反感。我在侧面观察，她额前一绺细发，在黄昏的余晖里金灿灿，她睫毛覆掩下的眼睛好像微闭。其实这是错觉，她的眼睛睁开着，在书页上浏览，像一阵阵光影轻抚而过。我有一句没一句地对画面进行着评论和解释。她不吭声，只管自己翻阅。我问，好看吗。她说，蛮好看的。她按照她的节奏掀过书页，按这种速度她是来不及读下面文字的。我的手臂偶尔碰触到她，她的胳膊又凉又滑。她没有动，我也不动，轻轻贴着。连环画被她很快就翻到最后一页，她好像完成一项任务，松了口气直起腰来。我想说，书里的金牛真是厉害，让一对情人永远在一起了，怕引起误解，改口说，多看看连环画对写作文也有帮助。她说，是吗，你写作文好就是看连环画看出来的吗。我说，有一点因素吧。她调皮地头一偏，目光透过一绺金灿灿的发丝穿过来，突然说一句，你是个很坏的好学生。我的耳朵一热，蔓延到脸颊上。我感觉到，她的话不是真的对我反感，反而有种默契和娇嗔。我仿佛溶化了一般，不知该说什么。她真是一个非常有意思的女孩子。

小瑾在转头望望，我也随着她张望。

黄昏的色彩像油画，浓浓的，厚厚的，黏黏的，亮亮的，小瑾坐在我身边，整个人儿就像浸在耀亮的油彩里。周边的房屋，红漆木门框、窗玻璃、糖果店的瓶罐、照相馆的橱窗、香花桥上来往的行人，都浸在越来越浓的黄昏里，呈现斑驳而刺眼的光影。只是在我一个恍惚醒来时，发觉周围一层层暗下来了。

她突然站了起来，那个男孩扶着自行车站在那儿。他看着小瑾，按了两下铃。小瑾不满地噘起嘴，低声嘀咕一句，将连环画往凳子上一放，撒腿就往那儿跑去。我看着她跑去，心里有一点不满，她没有跟我打声招呼就走了，我想也许她将我当成好朋友，省略了那些虚头巴脑的礼节了。

老头直起身子说，我也要收摊了喽，明天再来看吧，天下好书太多了，看也看不完。那个男生和小瑾并肩走着，好像相互在埋怨什么，接着男孩骑上了自行车从香花桥滑下去，小瑾跟在后面跑了几步跳上后座。

小瑾像钻进我的脑子，我不管是听课或者做功课，她都会出现，弄得我心神不定。我每天一放学就想往书摊跑，遇到老师把我们留下商量个事，我也心不在焉。方老师也许觉察了，她问，你没什么事吧。我连忙说没有。她说，那好，你安下心来。

渐渐地，小瑾也喜欢上连环画了，我经常在回想自己看过的连环画里，哪一本小瑾可能会喜欢看，想好了就让老头趁早拿出来给她。我发现她有个变化，看连环画也看下面的文字了，她看文字时很慢，似乎是一个字一个字在读，读到停顿时会发出嗯嗯声，好像在背诵文章。我忍不住要笑出来。她看出来了，嘟起小嘴，瞧瞧看没人注意，悄悄伸手来拧我的胳膊低声说，让你取笑让你取笑。我讨饶地说，你是中学生，我是小学生，怎么敢取笑你。她说，你是高材生，我是低材生。她黯然地说，如果我脑子再聪明一点点就好了，喜欢我的人还要多。我说，那你还是笨点好，否则你不会来理睬我。她说，你呀，你才多大，可不能动坏脑筋。我说，你才比我大三岁，你以为大多少，我们邻居沈阿姨比她老公要大四岁呢。小瑾眼睛睁得大大的，哈，你好坏，你脑子多复杂呵。

这些日子我关注夫妻年龄差距问题，特别是妻子比丈夫年龄大几岁的事。书摊老头说上海浦东农村的风俗就兴女的岁数比男的大。老头跟我聊各种事，他知道的事情多。我跟小瑾聊天不太谈正经事，多是开玩笑的。我一天问她了，那个每天来接你的是你什么人。她咯咯笑了，我知道你肯定要问的，但是没有想到过了这么些天才问。他呵，是跟我住一幢楼的，他妈妈和我妈妈是在一个调度室做事，我家在二楼，他家在四楼。她说，我本来想自己骑自行车，可是爸妈不放心，就叫他带我。他还不愿意呢，说是他不自由了。他是学校田径队的短跑运动员，放学后要训练，本来我在操场边等他，可是他不让，说被人家看到要说闲话的，我就在这儿等他了。

原来如此。

我不知怎的跟她说起小石马。小石马不知道怎么样了，它在一群抡大锤的人中间，风吹雨淋，命运真的不好说。它应该有几百年了，看上去它稚气俊朗，憨态可掬。小瑾说，没见到过什么小石马，也没听人说起过。她反问我，你说的是真的吗。

我说绝对是真的。

我说，就在编组站楼房的西边，那儿有一片工地，就在那里。她说，编组站我常去，我妈妈就在那幢楼里上班，你说的工地我也去过，不过没见到什么石马，它真的那么好玩吗。我说，绝对，你见到它肯定会喜欢的。她说，那我有空去看看，真的好，我叫人把它抬到楼下的草坪上。我说，这主意不错。

过了一些日子，我想她会惊喜地对我说，哇，我终于找到小石马了，非常可爱的，它……我想象她连珠炮似的讲一通。可是没有。她没有提起。后来我问她，你去看过小石马了吗。她一愣，什么小石马。哈，她全忘了。

我再次说，那你这次要记住，去看看，然后把它弄回去。

她说，工地那儿全是尘土，很脏的。

我为她没有去看小石马感到可惜，如果她看到一定会喜欢的，可是她连看都没有去看。小瑾看出我的失落，说，你不知道，去那儿的路很脏，又是水又是泥，我的鞋沾上就废了。我说，那是那是。她扬起脚，亮了亮她浅口淡青色布鞋，说道，这是我表姐从上海的第一百货商店买的，送给我的。我说，很好看。其实除了因为是新鞋而鲜亮些，没有什么特别好看，不过不得不承认，小瑾对衣服呵鞋子呵帽子呵确实有独到的眼光，我那条被方老师批评的毛料裤，小瑾一看就说，咦，你这条裤子挺高级的。我说，怎么高级。她说，料子高级，好东西我一看就知道。我问，为什么。她说，好的东西一眼看上去心里舒服。这是她的本事，任何料子在我的眼里没有什么差别。

还有一点我跟她不同。我特别羡慕火车司机，拉响汽笛奔四方，自由潇洒。小瑾却不，她说火车司机的活儿最苦最脏，最没意思，有一句话形容火车司机的你知道吗。我说不知道。她说，远看是捡垃圾的，近看是捅烟囱的，再看是擦锅的，其实是开火车的。我哈哈大笑,这太损了,你把火车司机怎么贬成了这副德行。不管怎么说,我喜欢火车司机,脏点有什么,脏点更有英雄好汉的样。小瑾说,铁路上最好的工作是坐办公室,打打电话填填表格看看仪表,又干净又舒服挣钱又多。我没吱声。我老看不起办公室里那些脸色苍白的人,觉得没本事的人才坐办公室。我跟小瑾在这个问题上有分歧。但我向她了解了不少铁路上的事。我说,你们随便什么时候都可以到车站和编组站上去玩,多好呵。她说,没什么好的,很危险,我们楼里有个孩子去年被火车撞死了。我心想你们不能小心点。她说,还是住在镇上好,我喜欢到你们镇上来,商店里有那么多吃的穿的,看看也开心。

女孩子的想法有时候很奇怪的。

我问起铁路帮。她说哪有什么铁路帮,不知道。我举了两个赫赫有名的头目,一个叫大宋一个叫小丁。她扑哧笑了,说这两个人只是顽皮一点,哪有那么厉害。那个叫大宋的,经常被他六十多岁的奶奶揍得抱头鼠窜。我觉得不可思议,真有这样的事吗。她说,当然,我们很熟,我亲眼看到的。我说你抱头鼠窜这个词用得太生动了。她说,他奶奶举着鸡毛掸子揍他,他抱着脑袋拼命往床底下钻。我说你写作文这么用成语,肯定能写好。她笑着说,我最近造句刚刚做过这个成语,我造的句子是反动派被中国人民打得抱头鼠窜,所以用起来很顺手。我说,你的造句有点毛病。她眨眨眼睛,什么毛病。我说,你没有写反动派是什么国家的,后面却写了中国人民,如果你写日本强盗或者美国鬼子就对了,你说是吗。她还在眨眼睛,一时理解不了。她眨眼思索的样子让我忍不住笑了。她瞪了我一眼,你笑什么。没笑什么。

你是笑我笨吗。没有,你那么聪明,我怎么会笑你笨。她噘起嘴问,那你笑我什么,你不告诉我我就要不高兴了。我笑得更厉害了,她自己也扑哧一声笑出来。我们两人冲着对方笑个不停,谁也不知道笑什么。

她还是那样开心,我的心放下了。我跟她又开起了玩笑,譬如,她看连环画常常好人坏人分辨不出来,我说你真笨,好人坏人最好分辨了,好人是浓眉大眼,很大方,和善,坏人是尖嘴猴腮,奸兮兮的。在生活中我也是用这种方式识别好人坏人的,我看到坏人模样的就远远躲开,怕一不小心被他们害了。我母亲有个远房堂弟,在长途运输船上做事,偶尔来我家两次,长得十足一副特务的模样,腮帮瘪瘪,说话时老是四周瞧瞧好像有人在偷听。我警惕地盯着他,他的破旧的帆布提包里是否藏着无声手枪之类的东西。他后来很长时间不来了,不知道是不是出事了。我看过上百本连环画,分辨好人坏人太有经验了。小瑾却一点也看不出来。我说她笨她其实并不生气。她说你真会看出好人坏人,派出所不要了,让你去看谁是坏人抓起来就行了。她这是在为自己的笨辩解。老师一般轻易不说哪个学生笨,即使我们觉得他笨得像一块老榆木,老师也从不说。我知道老师在办公室里私下交谈时,会说某某很笨,脑子里装的是浆糊,我亲耳听到过。这一点我觉得方老师不错,虽然在其他方面我对她有意见,在对待学生上她是最有耐心的,从不恼火,也不冷嘲热讽,脸上总是显出一种歉意,好像都怪自己没有教好。

她有时来有时不来,我有时去有时不去,因为我不能全然丢下自己那帮伙伴,他们已经在嘀嘀咕咕议论了。我和她把书摊上好看的连环画看得差不多了,我书架脚里的钱所剩无几,口袋里开始"叮当响"了。穷得叮当响并不是身无分文,而是有几个小零钱揣在口袋里发出声响。我只有三分钱了,我又要回到以前身无分文的状态了。小瑾看我一直在出手花钱,准以为我是个小富翁,我付钱装出的满不在乎的样子害了我自己。其实每付一分钱我都是心肠纠结。再和小瑾见面就要露馅了,万一老头有新来的连环画,我不能因囊中羞涩而拒绝吧。

有些闲言碎语,很脏的。说我被一个小骚女勾搭上了,他们说我无所谓,可糟蹋小瑾我不答应,我要查出是谁说的。起初我怀疑是吴林贵,他认识小瑾,也许还暗中喜欢她,会不会他因嫉妒而造谣。棚户区那帮伙伴是不可能的,他们没有这种心思。我将疑点集中到王苏金身上。我从来没有招惹过他,井水不犯河水,可此人的臭嘴连姚老师都敢乱说乱骂,对我造点谣言是小事一桩。

为了避免闲言碎语,也因为囊中羞涩,我有些日子不去书摊了,希望那个田径运动员不再训练,早早把小瑾带回去。有时我想见见小瑾,想跟她一起看小人书,轻轻地碰触她。我们表面上在看书,看得津津有味,其实心思并不都在书页上,那样靠在一起,心里又温暖又清凉,像淌过一股阳光晒过的溪流。有一次我为一个情节跟她争论时,不小心攥住她的手,她悄声说,喔哟,轻点,你一点也不谦让一下女孩子。

一切结束了。最后一个硬币用完后,我去过几次,悄悄躲在远处观望,看到小瑾还站在那儿张望,书摊的老头也在忙活着。进入期末复习考试阶段,大家都很忙,考完试就要放假了。我悄悄地离开了。有种如释重负的轻松,又有缺了点什么的空虚。

我欣慰的是隐隐嗅到令人向往的暑假的气息了。

链接一：

主要是一个汽缸，汽缸运动到右侧末端时，打开右侧进气阀向汽缸右侧冲高压水蒸气，打开左侧排气阀，高压水蒸气推动活塞向左运动，运动到最左端时，打开左侧进气阀封闭右侧排气阀，向汽缸左侧冲高压水蒸气，使汽缸活塞向右运动。将汽缸活塞的往复运动通过联杆滑块曲轴转化为旋转活动。各阀门的开关也是通过联杆滑块带动滑阀进行的。常见在老式蒸汽机车（火车）上，因效率低、烧煤灰大、污染大被淘汰。蒸汽机是将蒸汽的能量转换为机械功的往复式动力机械。蒸汽机的出现曾引起了18世纪的工业革命。直到20世纪初，它仍然是世界上最主要的原动机，后来才逐步让位于内燃机和汽轮机等。

《蒸汽机的工作原理》

链接二：

小姑娘当时还只有四岁。过去的事好像都忘了。母亲为了加深她对即将发生的事情的印象，特意把她领到铁丝网旁边，指着远处的火车说：

"孩子，我们就要乘着它离开这儿了，你高兴吗？"

"那么以后呢？"

"以后我们回家了。"

"家是什么？"

"就是我们从前住过的地方。"

"那里有什么?"

"你还记得绒做的小狗熊吗?说不定你的玩具都还在呢。"

"妈妈,"孩子问,"家里也有看守吗?"

"那里没有看守。"

"那么,"孩子问,"我们可以从那里逃走吗?"

厄尔凯尼·伊斯特万《家》

链接三:

在火车站里弄死一个孤零零的人从来都不费手脚。他们只要紧紧围住车厢门口,要不就在栅栏前那个水泄不通的人堆里盯住你,你就没命了。凯特就是在火车站里被一个科里奥尼手下那帮歹徒干掉的。

格雷厄姆·格林《布赖顿硬糖》

第九章
也许是我多疑，总觉得半掩的
黑洞洞的车门后有目光在向外窥视

我要独自去火车站，独自去经历一下，不捡煤渣，不去摸鱼、捞河蚌，不去摘皮虫，什么也不做，就是去玩。晚饭后，奶奶对我说，你进房间去，你爸爸找你有事。奶奶说这话时撇着嘴，斜着眼，意思是看你怎么办。我脑子呼啦啦快速运转，将近期自己的表现快速回想了一遍，一时想不出值得让父亲生气的事。我气定神闲走进房间去。爸爸在看报，头也不抬地说，把门关上。我回身关上门，门叭地锁上了。

桌子上放着《东海民兵》和《支部生活》杂志。这两本刊物都标有"内部刊物 注意保存"的字样，我曾好奇地翻看，被爸爸制止，叫我不要看这些文件。这更激起了我的好奇，我猜想里面有秘密的内容。于是我趁爸爸不在时偷偷翻看了，从头看到尾并没有什么机密内容，很多文章都是讲大道理的，只有几则民兵抓特务的小故事和一些时事漫画还有点意思。

爸爸见我进来，他放下报纸问，最近学习怎么样。我放心了，说很好，每次测验都是良以上，也有好几个优秀，有好几篇作文老师在课堂上读了。爸爸朝桌上的报纸看了看，好像话题就在报纸上。他犹豫了一下。是这样的。爸爸又看了报纸一眼，伸手将它折了起来,这动作好像表示了他的决心。他终于问道,去修理部取台钟,有没有付修理费。

我猝不及防,心脏猛地一阵收紧,没想到是为这件事,我差不多已经忘了。父亲看了我一眼,我的脸色肯定十分难看,他已经明白了。两个多月前的事了,钱早花完了,这事却突然冒出来了。我这才发现自己太傻太天真,爸爸是镇供销社的支书,全镇大大小小的店家他哪个不认识,何况修钟表的老头是镇上的老江湖,他们肯定熟悉,这事怎么瞒得过……

我头一低说,没付。

我记得你说付了。

嗯,是的。

你扣下了多少钱。

三角钱。

那钱呢。

我不吱声。

你知道这是什么行为吗。

是占小便宜。我说。

在大人这就是贪污行为。父亲说。

贪污我知道,是一桩很严重的罪行。我说,不过我不是大人。父亲说当然,你虽然是学生,但也绝不是占小便宜这么简单。他斩钉截铁地说,这是一种欺骗行为,一种不诚实的表现,是品德问题。他说,我起先一听还不相信,还以为是钟表店师傅记错了,我不敢相信你会做出这种事。他说我贪污时我并不难过,说我欺骗和品德有问题时我有一种锥心的痛。

父亲说，你做出这种事以后让别人怎么相信你，一个人不被别人相信，你知道意味着什么。我点点头，热乎乎的泪水滚了出来，弄得脸上发痒，但是我没有去擦。我望着父亲，让他看到我痛心的泪水，说明他的批评触动我了。奶奶在敲门问爸爸，要不要冲点开水。奶奶见我进来好长时间，不知道发生什么事，想进来探探虚实。爸爸说，不要开水。奶奶的脚步声离开了。

我说，我以后再也不会了。我将泪水使劲擦去，那狠狠擦泪的动作也表示了痛改前非的决心。

那钱呢。父亲问。我说，花掉了。花在哪儿了。我说，借连环画看，在照相馆前的书摊上。爸爸又问，没乱花在别的地方。我摇摇头。父亲脸上绷紧的表情松缓了。父亲接着说，你要用钱譬如学校搞活动，学习上需要，家里还是可以给你的，即使家里不给也不可以采用欺骗的手段，再说到书摊借连环画看，那种闲书对学习有帮助吗。

奶奶又敲门了。她说，邻居家老二来借老虎钳，她要进来取一下。奶奶一个劲地想进来。父亲说，好吧，记住，再发生这样的事我不客气了。去吧，把门打开。

难以置信，父亲这么轻易放过我。我赶紧将脸上的泪痕擦干，打开房门，奶奶等在门口，见我出来，仔细瞧瞧我的脸。她看出我的沮丧，埋怨道，被骂了吧，你呀不光要骂，依我看缺的是一顿揍。其实她并不知道发生什么，接着数落起来，什么光知道满街疯跑，整天想去火车站玩，她说规矩的孩子哪有整天野在外面的，一会儿又扯到我懒惰，什么事也不做，起床被子也不叠齐……

我说，你好烦呵，你不是要去房间取老虎钳，怎么不去了。她愣了愣说，人家阿二等不及，走了。弟弟过来了，用狐疑的目光看我，小脑瓜里在琢磨我为什么事遭到批评。我不会满足他的好奇心。为了加剧他的好奇心，我故意哼起小曲做起了功课，他便悻悻走开了。

母亲每天很晚回家。她在一家印刷厂做财务兼做镇职工夜校的教师。白天她是财务，下班后，在食堂里吃点饭，就去会议室挂上黑板上课。学员是厂里的工人。她教识字还要读当天的报纸。老师和学生都是忙了一天的人，已疲惫不堪，在识字班等于又在加班。母亲回家时我和弟弟有时已经入睡。今天我们还醒着。她一进门连声说太累了，走到床前问我们一天怎么样，乖不乖。我觉得这很小儿科，弟弟却会大喊一声，乖。可是今天弟弟却说，他不乖，爸爸骂他了。我吓了一大跳，我担心的事看样子躲不掉了。妈妈问，为什么。我十分害怕，摇摇头。妈妈又问了，到底为什么。我的泪水流出来了。弟弟没料到他一句话会引来这样的后果，把被子往上一拉不吭声了。

妈妈走进房间。我谛听着，爸爸声音放得很低，妈妈的话我听清了，她说这孩子胆子越来越大，学会偷钱了。爸爸说批评过了，事情解决了，他拿了钱去借书看没干别的事。妈妈说，那也不行，偷钱是品德问题，要好好教育的。别说得太难听，爸爸说，这叫偷钱吗。奶奶也披衣起床了，孩子犯了一点错，他爸爸训了他半天。妈妈说，你不用管，他爸爸教育了，也允许我教育吧。

我突然觉得非常冷，冷得直想哆嗦。

我没有心思责怪弟弟多嘴，我知道妈妈的脾气，她上班累了，把心情累糟了。妈妈走出房间,她去取挂在墙上的鸡毛掸子。爸爸说,你怎么了,一回家能不能安宁些。妈妈说,这孩子将来要出大事,那才叫不得安宁。妈妈倒握着鸡毛掸走了过来,我看到抓在她手里的鸡毛正在掉下来,她将细长的手柄留出来。奶奶上前去拉她,妈妈一扭身挣脱了。奶奶指着我说,你还躺着不动,等着揍死吗。我一听忙从被子下钻出去,拿起裤子就往上套,鸡毛掸子的影子一闪,我尖叫一声,腿上一条火辣辣的灼痛。爸爸从房间里出来了,鸡毛掸子再次挥过来时,我一闪,从我的肩上划了过去。我抓起外衣边躲边往门外跑,妈妈大声喊,你出去吧,不要回来了。

她没有追出来,我听到妈妈气急败坏地叫,你不要回来了,跟那些野蛮小子混一起吧,连偷钱都学会了,你真行。

我奔到前面的田野边,将裤子衣服穿好,站在那儿看着家里,再看看星星稀朗的夜空,打了个寒战。接下来怎么办,回家肯定是不行的,一夜不得安宁,我知道妈妈的脾气。好在天气好,晚风和煦,一片宁静,怎么打发这整整一个夜晚。

顺着弯弯曲曲的路,我来到街上,街两边的房子大都熄了灯,只有零星的几盏街灯亮着。不知怎么的,刚刚家里发生的一幕好像过去很久了,街上一片宁静,我的心里也一片平静,我怕会遇到熟人。

我走到公路上,路面发亮地伸向远方。夜里几乎没有汽车来往。远处隐约有火车的汽笛声传来,好像在召唤我,我不知怎么想的,鬼使神差地朝着那个方向走去。一个人走在通向火车站的石子路上,奇怪的是一点也不害怕,路上只有自己嚓嚓嚓的脚步声,好像没走多久,前方显出一团亮光,夜晚的火车站这么近呵。

我一直想独自去火车站,选一个风和日丽的假日去,没想到竟是挨打后离家的夜里去。正值暮春,夜晚并不冷,田野上吹来带点泥土潮湿和夹杂着草叶的气息。树丛后面的水沟在闪闪发亮,水面的浮萍看上去像草坪。我想起了小瑾,去火车站,去到她家楼下看看,她应该早早睡了。女孩子都是早睡的。

偶尔有一辆汽车经过,开着大灯,光柱射得老远,碎石路面在车灯下凹凸不平显得特别夸大。一路上不时传来青蛙跳进水里的扑通声。我大步疾走,遇到汽车避让一下,车上的人好奇地看看我。

很快就来到火车站的楼前。也许是一个人走路快,感觉上比小狗子带我走的那条小路还要快。那条小路晚上是不敢走的,荒蛮野地,谁知道暗藏着什么危险。

这时我有点恍惚,我怎么胆子那么大,晚上一个人上火车站来了,我还从来没有在外面过夜,家里人这时都在干什么,他们会出来找我吗。我只是心疼奶奶,不知道她会着急成什么样。既然出来就要坚持,让他们知道我是个有血性的人。小狗子他们经常在外过夜,我过一夜算什么。

候车厅里只有一个中年男人坐着打盹,前面一对鼓鼓的麻袋,上面搁一根扁担。他是在等夜车吧。

站台上空无一人,值班室里烟雾蒙蒙,有两个人在抽烟、喝茶、聊天,煤炉上的水壶在喷着蒸汽。一个人掏出怀表看看,又对着墙上的挂钟看看。看到挂钟就想起家里的台钟,想起那三角钱,想起书摊和连环画,想起下午爸爸的谈话和妈妈那火辣辣的一下。此刻腿上的疼感没了，心还疼着。小瑾有一阵没见了，我朝她住的那幢楼望去，楼墙在白天是米黄色的，此刻在灯光下成了惨白的。楼上有几个窗口亮着灯，小瑾说过她家在二楼东面，二楼只有东面的窗口亮着。

我正在张望着，值班室里走出一个男子，警觉地问，你是干什么的。

不干什么，我说。

他说，这儿不是玩的地方，你要规矩点，别做什么坏事让我逮着。我斜了他一眼，没有搭理他，径直往站台外那幢楼房走去。小瑾如果还没有睡，或者从窗口探出头，正好看到我在楼下，她一定会感到非常惊异……

我抱着一丝幻想走到楼前，二楼东面窗口的灯火恰好熄灭了。忽然我一阵晕眩，是地面在震颤，前方一声汽笛长啸，我意识到是火车来了。震颤越来越强，铁轨前方呈现一道亮光，是车头的大灯，接着轰的一声火车疾驰而来。一列货车，好长呵，我点了一下，竟有二十三节车皮，全都是垒得高高的原木，带着一股好闻的森林的陌生气息，那是和木料有关的湿润的清香，火车拂身而过，直到车尾消失，那股气息还久久弥漫在空气中。小瑾的楼房靠铁路这么近，住在里面怎么能睡着觉。大楼的灯陆续都关了，整幢楼没有一点动静。我睡觉时有一只蚊子嗡嗡叫就烦躁得睡不着，这幢楼里的人怎么能在这么轰响的声音里安睡。

回头看，我发现那个人一直在盯着我，他把我当成小偷了，以为我在观察这幢楼寻找机会下手。不怪他，有人深更半夜在大楼前踱来踱去，人家能不怀疑吗。那人装出观察信号灯的样子，转来转去不肯进屋去，他在监视我。我不管他，自顾自地转悠着。小瑾楼下这块种满了各种花草的草坪真不错，工地上的小石马摆到里面很合适。

车站上的灯光很亮，一直亮到这儿，二楼东面的窗帘在暗中呈现出点点的小碎花的图案，像桂花又像梅花，我想这应该是小瑾喜欢的吧。

我本想离开这儿，发现那人还在监视我，我就故意拖延，看他怎么办。那人在站台上站了好一会儿，也许没耐心了，看了我一眼回了值班室。他不会这么轻易放弃的。

果然不一会儿，他又出来了。

他径直朝我走来，眼睛却装着在打量一边的轨道、路灯，以声东击西、不打草惊蛇的方式走来。值班室另一个人也走出门，站在那儿，看着这里。这家伙刚才进值班室是搬援兵的。

如果两个大人扭住我，说我是小偷，我有一千张嘴也说不清。再说，一个学生半夜三更在楼下转来转去，根本无法自圆其说，趁那家伙还没到来我赶紧开溜。

我离开楼房快步穿过两条铁轨，在铁路对面朝着那人看看。那人停了下来，回到站台上去了。我这时觉得有些寒冷，应该是半夜了。奶奶说，露水是深夜落下来的，它不像雨水，而是像雾气像云烟，将一切东西裹起来，黏附在上面。奶奶好多话我嫌烦，但这话我相信，因为它能解释，每张树叶不仅上面有露水，朝下的一面也是湿的。冷冷的露水在裹住我，我要保持温度，必须走动，或者找一个地方躲起来。

我马上想到编组站那个旧车厢，躲到里面又御寒又安全。我决定去那儿,到灯火通明、亮若白昼的编组站去,到旧车厢里去。我转身朝着编组站走去。那个人看着我离开楼房,跨过铁路又朝着编组站方向走开了,他停在那里犹豫不决,再追过来显然没有意义,他站了五六秒钟,朝另一个同事挥挥手,不甘又无奈地回去了。

我沿着铁路走,编组站很快就出现在眼前。在浩大无垠的漫漫夜空下,灯光营造出一片通明的白昼。从高处或者从远处看,这儿像一块黑色绒布上一枚大钻石,璀璨莹透,诱人遐思。我知道就在这灯光辉射下,整夜辉照着来往的火车、条条铁轨、忙碌的办公楼、时而巡察的检修和扳道人。这一夜光是灯光得费多少电,恐怕比整个云翔镇一个月的用电还要多得多。

发光的区域外是无边无际的深沉夜色。

铁轨伸进那片光亮里,好像是光源将它们引导过去,它们在夜色里闪闪发亮。我跳上路基走,有时又跳下来。我走得很快,偶尔想到家里和刚才发生的事,心里浮起一点担心,但对自己到火车站来一点不后悔。我希望家里人悔恨。不过只是想想,在这特殊的环境里我只有兴奋和些许紧张,我冒险精神被鼓动起来了。

进入编组站,我才看清一盏盏大灯从一排排高高的铁架上向下投射强烈的光,这些强光射在地上飞溅起来,碰撞,交融,汇流在一起,使人身临其境忘记外面的夜晚。列车穿梭着,吭哧吭哧的喘气声和呜呜的汽笛声交融,还有来装卸货物的卡车、修理车鸣响的喇叭,指挥人员和扳道工和检修人员,大着嗓门在喊叫什么。深更半夜竟有这么多人像工蜂一样忙碌。经过的火车头时而喷出一股乳白色的蒸汽,在灯光下升腾,幻化成半透明的薄纱,似虚似实，变幻莫测，人、车、光、声音和蒸汽搅融在一起。

我不敢在明显的亮处出现，怕被人当小偷抓起来。我在路基下的树丛后观望，我的目的地是那节旧车厢。它隔着几排铁轨，我远远看着它，像一幢形状方正的小屋，处在强烈灯光照射区的边缘，光亮和晦暗之间。它暗绿色的车门半掩着，里面黑黢黢的。

我从树丛里蹿出去，猫着腰穿越铁轨，走到离车厢十多米远的一堆石材边停下了，也许是我多疑，总觉得半掩的黑洞洞的车门后有目光在窥视。平时车厢里是空的，连小瑾也常去玩，我没有进去过，谁知道里面会是什么情况。

我不敢贸然进去，绕开那半开的门，从边侧悄悄靠上去，贴着车门停下。车厢里静悄悄的。隔着小铁梯我朝门里探望，不料黑暗中突然出现一张白生生的脸，冲我咯咯笑，吓得我一声惊叫，真是魂飞魄散，冒出一身冷汗。定神一看原来是小狗子，万万没有想到在这里遇到了小狗子。我恼怒地说，你这个狗东西，人吓人会吓死人的。他连连说，对不起对不起，我老远看到你鬼头鬼脑的，估计你是到车厢里来，怎么，这么晚了到这儿来。我说，你怎么也来了。他嘿嘿一笑。我又说，你可以在这里我当然也可以来。他眨眨眼说，当然，不过你的出现我太出乎意料了。为了表示歉意，他伸出一只手，将我一把拉进车厢，边拉边说，里面有我一位朋友。

车厢里比想象中亮多了。我发现角落里坐着一个年轻人，冷冷地看着我。他脸形瘦削，也许是车窗灯光的映射，脸色显得苍白，看上去比我们大五六岁。我从来没有见过。小狗子说，这是我的一个小哥，住在前面那个村里的。那人不客气地打断他的话，你屁话太多。小狗子拍拍我的肩说，我们关系可好了，不仅是同学……那个人斜了我一眼，冷冷地说，你给我听好了，不要出去乱说。我脑袋一蒙，真不明白他的意思，心想我们刚刚见面，还没认识，有什么值得我说。但渐渐地我回过神来，他们半夜里鬼鬼祟祟躲在这里，干什么，肯定不是好事情。我装着一脸不解地看看小狗子。那人皱着眉头说，我出去看看，你们在里面待着。他起身拍拍灰土，朝门外探了探头，咚地跳下去，我听着他的脚步声渐渐远去。我想，他肯定是因为我的出现而离开的。

车厢里暖和多了，小狗子和我靠墙站着。他又说，我真的没有想到你会上这儿来的，第一次吧。我说，第一次。小狗子不怀好意地冲我笑笑，还眨巴几下眼睛。我觉得他的笑挺鬼的。我说，我跟家里吵起来，跑出来的。他呵呵呵说，我也是的，一开始都是这样的。我朝外面努努嘴，那个人是谁。他说，我也不是特别清楚，刚认识的朋友。我说，你们一起……在这里……他答非所问地说，我们是在火车站认识的。我说你可要当心点。他嘻嘻一笑，说我们只是玩玩，铁路是世界上最好玩的地方，你会明白的。

车厢外有一列货运车慢慢滑行着，远处偶尔有一两个扳道工走动。我在想，小狗子和那人深夜在这里，肯定有什么勾当，我怀疑他们在动列车上货物的脑筋。我说，我跟家里闹了一场，离家出走，一路走到这里，累死了。

小狗子拉我坐到地上的毛毯上。毛毯摸上去又硬又粗，像麻袋，还夹杂着砂石之类的颗粒。我不顾脏不脏，一屁股坐下来感觉特别舒坦。我问，小狗子，他们说你经常夜不归宿，现在我相信了。他说，也不是经常的，我喜欢一个人到铁路上来。我试探地说，你一个人来有什么玩的。他说，你把人家想到坏事上去。我说，你真以为我相信你来玩的，你把我当傻瓜了。他摇摇头，我们不谈这个，你不相信我也没办法，这儿没有人来烦我，我在不在家，他们也无所谓。

我惊疑地问，怎么会无所谓呢。我想此刻家里也许为我的失踪着急呢。他低声说，你不了解。我问，你是有什么心事吧。他说，我能有什么事。我说，你肯定有，否则你深更半夜到这儿来就是神经有毛病。他望着车厢的对角一声不吭。我听人说，他妹妹被火车轧死后，他家里人甚至亲戚朋友都怪罪他，怪他只顾自己玩，没有看管好妹妹。听说他父亲骂他，你应该去死，把你妹妹换回来。这些话如果是真的，那肯定很伤害他。

一列货车节奏缓慢得像老年人的喘气，哐当、哐当，好像它漫漫长途奔久了，疲惫了，或者走了一辈子，老了，到这儿歇息了。我们默然听着，好像在耐心地等它过完。

我突然把憋在心里的话说了出来，是不是因为你妹妹，你才这样的。话一出口我后悔了，这是我第一次跟他讲起他的妹妹，它搁在我心里好久。

小狗子抬起头，瞳仁在窗外的灯光下闪了闪。他使劲抓了抓蓬乱的头发说，我妹妹的死都怪我。他停顿了，我在等他说下去。他说，那天她跟着人家钻到火车头下面捡煤渣，这是从来没有的，她跟我出来从来不去捡煤渣，我不让她捡。我妹妹很好看的，苹果脸，也很乖，最听我的话。那天她一定要跟我出来，她喜欢跟着我，在来的路上走不动，我时常背她的。我真后悔，那天我怎么会去水龙头喝水，其实并没有口渴到非喝不可的程度。她本来坐在站台上面不动，没想到火车来了，是临时停靠的，火车头卸下了一堆煤渣，大家都涌去捡煤渣，她也跟着钻进去。她不会捡煤渣的，我捡的时候她一直自个儿在外面玩。大家都很喜欢她，铁路上的人看到我们讨厌，可是喜欢逗她，给她吃零食。那天我只去喝了一口水。

他静默了。不知哪个火车头莫名地吼叫了两声，好像是一头睡狮在梦呓中惊叫。我默默听着。小狗子平时话不多，今天他一口气说了这么多。他说，我喝口水只有一两分钟，我喝完水直起身一望，发现她不在原地，又听到有人在喊叫火车开了。我以为妹妹到别处去玩了，或者在候车厅里，她时常在候车厅的光滑的地面上玩。我看到火车头下有不少人在捡煤渣，我根本没想到妹妹会在里面。

我去候车厅门口张望，没有，又去小卖部找她，也没有，我这才紧张起来。我听到火车汽笛声拉了两下，这汽笛声我至今想起来都觉得不对劲，是一种撕裂心肺的哭腔。我看到在大伙儿退出来的同时，火车缓缓启动，有人叫喊，车下有人，可是在一片嘈杂声里司机根本听不见。火车开动了。……她已经不行了。她没有被车轮辗着，全身都是好好的，只是在脑袋顶部有块血包。她的小手里攥着一个小铁耙，那是我捡煤渣用的，她攥得紧紧的。我想如果她一直趴着不动，应该是不会死的，你知道吗，火车下面的空隙是很大的，一个人躲在下面不动弹应该没事的。

我问道，真的吗。

他坚持说，是的。

我问，你怎么知道。

他没有作声，好像在犹豫什么，然后他很轻地说，我试过，在妹妹死后的十几天后，我想我要试试，妹妹是不是可以不死。我非常惊诧，真想大声嚷，你开玩笑，那太危险了，你是在用性命开玩笑。

可我没有，我尽量让自己镇静下来，问道，你试了。他不吱声了，头也没有抬，手指在地上画着只有他自己知道的图案。

不用再问，他试过了。太不可思议了，小狗子居然钻在火车头下面，趴在下面，等火车开过，看能不能躲过一劫。他证明自己活了下来。我激动地说，你即使试过又有什么意义，能证明什么，一切挽回不了，你妹妹已经……你的试验是没有意义的。

他说，那不一样。那天火车启动了，外面有人拼命叫她快出来，她想爬出来，一抬头撞在已经启动的铁档上……我如果在，一定叫她趴着别动，只要闭着眼睛趴在那儿一动不动，是不会死的，我妹妹个头小肯定没事的。不怪别人，怪我不该去喝那该死的水。不知怎么了，脑子一根筋似的，想去喝水了，就像着魔似的，想喝水了。

小狗子心里藏着这么深的伤痛。他说，火车下面的空间足够一个人趴着，刚启动时车速慢，它是越开越快。我那时紧紧贴趴着，胸口下面的枕木咯噔咯噔跳动，整个人被轰隆隆的巨响盖住了，衣服好像要被巨大的声音掀起来。只要你保持不动，没事的。火车开远了，我站起来，我觉得世界一片安静，从来没有这样安静过。

我第一次看到火车就注意到，火车轮子又高又大，如果躲在火车车厢底下，只要趴着不动，最大的危险是车速快掀起巨大气流，会把人掀动。

在我眼里他不再是个蔫乎乎的小狗子，他有另一面，可以说勇敢甚至是疯狂的一面。我这是第一次对人讲这件事，他说，连宏宝他们都不知道。我有些感动他对我的信任，我说，放心吧，我不会讲的。这件事一定在他心底埋了多年，我是第一个知道的人，我不会辜负他的信任，我要守信。我不知道说什么好，说什么安慰的话同情的话都是多余的，苍白无力的。

车门外灯光似乎暗了些，是不是将近凌晨了。我有点疲倦了。我想起那个离开的年轻人，便问他，那人走后怎么不回来了，会不会有事。小狗子说，没事的，管他呢，他家就在铁路边上的村子里，对这儿的一切熟透了，他跟铁路上的好些人是朋友。我说，你要小心点，他毕竟是大人，夜里货运车多，车上可是吃的穿的什么都有呵，你们难道没有动脑筋。小狗子说，你呀，就是心眼多，我心里有数。我试探地问，真的好搞吗，那些东西。他说，实际上很难的，再说被抓住可不是闹着玩的。

我们缄默了。我闭上眼睛，不一会儿听到他轻轻的鼾声，我也迷迷糊糊，似醒非醒。这个忽明忽暗的车厢让人恍惚。我不理解它为什么被废弃，好多车厢比它旧多了，还在跑来跑去，会不会这个车厢发生过什么事，譬如死过人什么的。即便死过人又怎么了，死过人的房子照样有人住。我半醒半睡着听到一阵低低的说话声，我赶紧竖起耳朵，门外，小狗子在跟人嘀咕，内容听不清。是那个瘦削、脸色苍白的年轻人吧。他没有回家呵，一整夜他在干什么。那人朝车厢里张望了一下，我认出正是那个人。空气中弥散着一股烟味，那人在抽烟，小狗子也在抽吗，学生抽烟是严重违规，是堕落的标志。我有点害怕和担心。一会儿，我听到那人离开了，他的鞋走在草丛上发出沙沙声，渐渐远去。小狗子蹑手蹑脚爬进车厢，我闻到他身上淡淡的烟味，我依然闭着眼睛，发出一阵短促的鼾声。小狗子坐着似乎是在看我，接着也躺下了。

我这时才知道睡在家里的被窝里是多么惬意。小狗子说的他妹妹的事像石头压着我，很不好受。我尽量想些开心的事，忘记它。编组站灯光之外是黑沉沉的大地，远处有几颗萤火样的灯火。我想那匹小石马就在附近，想起小石马心里升起些暖意，但它究竟在何处，凭感觉应该从这儿往西走，要跨过几条铁轨。小石马温顺的眼神在虚空中浮现，渐渐地它整个儿身躯浮现出来，支棱着一只耳朵的脑袋和断了半截尾巴的臀部，我凝神看，它倏忽消失了，就像被一阵夜风吹走的，踪迹杳无……

我如果能在飞驰的火车上自如地行动，那些货车里的货物我就能得到了，我不要多么名贵的东西，只要糖果、糕点、水果、蜜饯，还有新的球鞋。上海的糖果运到全国各地去，各地的特产要运到上海来，都在这些来来往往的列车里。如果搞到一盒奶糖或者奶油话梅，放在家里慢慢吃，那有多好呵。即使是一盒泡泡糖也好，送一点给小瑾，让她吹出大泡泡，就像糖纸上那个扎着蝴蝶结的小姑娘，鼓着腮帮吹出一个大大的泡泡。我拥有这些同学们就会围着我转，弟弟也把我当哥哥一样尊重。东方蒙蒙亮了，小瑾还在她温馨的小房间里睡觉，她做梦也想不到，我在她认为是她的车厢里睡了一夜……

对我来说这是个特殊的夜晚，前所未有的。我一时忘了自己是怎么从家里出来的，现在想起心里不免一痛。一夜没有回家，家里会怎么样，我这是生平第一次一个人在外过夜。彻夜不归，标志着什么，标志一个人的堕落，父母一定会震怒，奶奶会急死的。

我说，我得赶紧回家了。小狗子起身说，我没什么事，和你一起回去吧。我说好吧。我们打着哈欠走出车厢，小狗子说，我们还是从秘密小道走近路吧。我说，好的。在路上我问，那个车厢好好的，为什么废弃掉。小狗子说，那是铁路员工们摆在那儿当他们的休息场所，他们躲到里面打个盹，抽抽烟，打打扑克，车厢在这儿多着呢。

链接一：

火车跑得快，全靠车头带。

20世纪70年代常用语

链接二：

火车经过卡迪奈桥时，飘散在空中的蒸汽犹如云彩一样奇妙，还有人在与鸽子嬉戏。巴黎又回到我们心中，披着一番童年的色彩，并且在这寂静的早晨落户于诺曼底。巴黎的童年早已是过眼烟云，而老式的火车的蒸汽也随着时光的流逝而烟消云散。

菲利普·德朗《瞥见幸福颜色》

链接三：

南翔编组站是全国特等编组站之一，主要用于停放、编组和维护保养车辆，占地近2平方公里。南翔编组站原来只是一个客运站，于1905年建成。由于南翔站位于当时的沪宁线（今京沪线）和沪杭线（今沪昆线）的交汇处，拥有得天独厚的交通位置，对承担车辆编组作业十分有利，所以，铁道部于1956年与上海市政府达成协议，将南翔镇火车站路附近的一片土地改建为上海铁路局的枢纽编组站。1958年5月，南翔编组站的土方工程正式动工；1959年10月建成了两座简易驼峰和东区信号楼，将驼峰的人工道岔改为电气机械操纵道岔，开始承担部分货列的解编任务。

第十章
虽然你没有说出来，但是
你的表情明显就是那个意思

从秘密小道走出农田就能看到高高的水塔，沿河走一段路小狗子跟我扬扬手回家了。

我觉得自己很孤单。离开小镇一夜，却像有一年那么久长，眼前的河岸、街路、两边的屋舍和店面竟变得陌生了。沿着一家仓库的灰色围墙，转过弯就看到了家。我的心咚咚跳了起来。我从来没有无故地在外面整整一夜，这叫彻夜未归，是挑战学校和家长底线的行为。一夜未归通常也叫作夜不归宿，一件事换个说法听上去性质严重很多。夜不归宿会让人产生很多不好的联想，譬如在哪儿过的夜，夜里干了什么，跟什么人在一起，联想下去往往涉及下流、偷盗、肮脏的乱七八糟的事。反正事到如今，只能任人想象，好在我是一个男的，如果是女孩子，有过夜不归宿就意味着堕落和沉沦，不管她怎么解释和辩解，那个夜晚永远是一个谜，一个令人随意猜想的谜。

远看我的家仿佛在一夜之间变得陈旧。外墙挂了雨水淌过留下的黄色渍痕，门框和窗框灰暗斑驳，整幢屋子看起来有点朝东倾斜，此前这些我都没有注意到，或许是我的一种错觉。它变得可怜巴巴。三只芦花鸡在门口啄食，羽色黄白相间，分布着大小不一的棕色斑点。谁想出用芦花形容这种鸡真是很高明，因为你从这种鸡毛色灰白杂间能想象芦花是怎么回事，哪怕你从来没有见过芦花。一只鸡朝着屋门口走近，它刚朝里面探了探头，就咯咯叫着奔逃出来，是奶奶在里面把它轰出来了。奶奶在门口出现了一下又进去了。我突然出现在家门口，会像这只鸡一样被轰出来吗。

我以怎样的神情走上去比较合适。

一切比我想象的要安静。门前的香椿树枝丫上什么时候冒出一些淡绿的小芽，平时倒没有注意。三只鸡在啄食，它们各不相扰，脑袋机械性地一点一点。它们啄食的其实是小石子，看它们忙不迭的样子，好像在抢食什么美味佳肴。

寂静的后面会不会有一场暴风雨。

不管怎样，到了门口了，披星戴月走了那么多路已经两腿发软、饥肠辘辘。鸡们冷漠地看看我，依然各自啄食，它们不知道我是夜不归宿回来的。

屋里奶奶低着头在缝东西。她抬头看到我，愣了一下，放下手里的活叹了口气。她没有问我这一夜去哪里了，指着灶间说，粥在锅里，酱菜在碗柜里，说完摇了摇满头白发，又叹了口气。我走进灶间，弟弟正拎着一桶水泼泼洒洒地走进后门。这活平常是我的，每天早上我将一大缸水装满才去上学，我是将它当作锻炼手臂力量的，因此毫无怨言。弟弟拎着水桶歪歪扭扭，不满地扫我一眼，吃力地将水桶拎到缸沿，将水哗地倒入缸内，一句话不说又甩着空桶去公用水龙头。我站在灶间，像突然出现的一个外人，就一个夜晚，他们如此淡漠地对待我，让我很不习惯。他们是怕什么，如此小心地对待我，是怕再惹我生气吗，怕我再一次突然出走吗。

奶奶走进灶间，帮我从锅里盛好粥，又端出一小碟酱黄瓜，一句话不说又去缝衣服了。我端起粥就喝了起来，这粥是这么香，酱菜也用不着，喝了两口碗里就空了。我又掀开锅盖添了一勺，刚吃了一大口，听得门外自行车哐地一响。我心里一紧，父亲回来了。这声音是父亲停车特有的，因为车的支架坏了，车要靠在香椿树上。

父亲干咳了几声，朝屋里走来。我听到奶奶在跟他嘀咕着什么。父亲这辆公车是一辆"老坦克"了，车架是用水管子代替的，他这个时候回来，肯定是因为我。

我走出厨房去，看到父亲的脸色不算严峻。我昨天本来不是因为爸爸出走的，那件事父亲已经跟我解决了，是妈妈回来又激化起来的。父亲让我坐下。我手里端着碗，觉得听父亲教训不太自然，就将它放在桌子上。父亲看到碗里有粥，示意我继续吃。我又端起碗，但是没有吃。

父亲问，昨天晚上去哪儿了。他口吻平淡，好像知道我有自己合适的地方去。我说，跟一个同学在一起。噢，他点点头，对我这种模糊的答案他也不加追问。他说，你知道吗，我们昨天到派出所去报案了，怕你出事，你母亲也很担心，她厂里正忙，不回来了。我说，你们用不着担心，没什么事的。弟弟也来了，在一旁说，还有好多邻居都去找了，街道、公路、绿化组，连人家村里的仓库都找了，还找过公路旁的碉堡。他还说，他跟宏宝沿着横沥河找了好久。我不快地说，亏你们想的，我会在河里淹死吗。我有些愧疚,我能想象昨晚家里乱成一锅粥,我怎么没有想到这些呵。父亲说,我还得去镇广播站,让他们撤了那个寻人启事。我大惊,什么,你们还用广播寻人,太可笑了。我仅仅一次夜里没回家,就闹腾成这个样子,让满世界都知道了,以后在同学中怎么做人,真被人活活笑死的。人家小狗子晚上不回家都是常事。大人怎么打我都不要紧,这种羞辱可受不了。

父亲站起来,将手按在我的肩膀上说,大人讲几句打几下都是为你好,你怎么能……以后再也不能这样了,知道吗。我嗯了一声。他起身缓缓地走出门,扶起靠在树上的自行车,慢慢推着走了。忽然一阵酸楚直往我鼻子里冲,我强忍着不让冲出来,因为弟弟正在打量我。他大概觉得我的表情很怪异。

弟弟气哼哼地说,你在外面玩了一夜,我倒帮你拎水。我说,那没有办法,既然我不在,只能让你拎。我又说,让你拎一点水,一大半都泼在地上了,浪费。他哼了一声。

我回到门口,发现经过的人都在瞧我,左邻右舍也在看我。一个住在附近的小毛孩含着手指也在瞧我。我说,你看什么,我脸上有花吗。他扭怩着身子说,他们说你丢了,你怎么没丢。我说,小毛孩,我丢了你开心吗。他摇摇头,不知道。连这么小的毛孩都知道我丢了,昨晚肯定把整个小镇都惊动了,今天遇到熟人如何解释呵。

我听到奶奶在说,宏宝你来了,没事,他回来了。我看到宏宝走来,一副心情沉重的样子,他这是做给奶奶看的,好像为我担心了一夜。一进门他就冲我偷笑。他说,你去铁路上了,跟小狗子学坏了。我说,怎么,你见到小狗子了。宏宝说,见到了,他一回家就被他爸支去在门口劈柴。他悄声问，在破车厢里待一夜什么滋味，没去干什么坏事吧。我说，干什么坏事，听了一夜火车叫。他说，你骗我，跟小狗子在一起能干净吗。不过我也在车厢里待过，我不是被大人打出门去的。我抢白道，谁被大人打出门了，你问我奶奶，没人打我，是我赌气自己出走的。宏宝以包容的口气说，别急么，我知道我都知道。看他这副宽容的样子更让我来气，什么我知道我知道，意思就是他心里明白，只是不愿点穿我的真相。这种腔调最让人讨厌。我轻蔑地哼了一声，宏宝连忙声辩，我又没说你是被打出门的，我说了吗。我说，虽然你没有说出来，但你的表情明显就是那个意思。宏宝说，你太聪明了，我没有说出来的话你能从表情看出来。我说，你以为我傻，这点意思我还听不出来。我觉得这个宏宝真的不仗义，甚至不如小狗子。特别是昨夜听了小狗子讲了他妹妹前前后后的事，特别是他钻进火车下试验的事，一方面让我觉得他太莽撞，一方面又心生敬佩。宏宝在江湖上侠肝义胆名气响，小狗子只是跟在后面的喽啰，从骨子里讲，那股子劲小狗子一点不输宏宝。

  奶奶听到我跟宏宝争执，在门外说，你一夜不回来睡精气神还这么足，你还嫌吵得还不够吗。我顶了奶奶一句，你知道什么，什么都不知道，就会瞎掺和，把事情搅得稀烂。奶奶说，天呐，我一直在帮你，你一点良心也没有，以后我不管了。我说，你不管才好，你一管就管坏了。奶奶不吱声了，她肯定气坏了。打心里说，我的话是委屈了奶奶，可是在我心烦的时候她来唠叨，烦不烦心。宏宝一看这情形忙说，奶奶，你别理他，他一晚没有睡觉，上火呢，说出话时鼻孔里都往外冒烟。我冲他说，谁说我一夜没有睡,你去问小狗子,我们在车厢里睡了一大觉,比家里还舒坦。宏宝笑,又是那种包容的笑,他说,你刚才还说,听了一夜火车叫,现在又说睡了一大觉,矛盾吧。我一时语塞,正想办法狡辩,弟弟过来了。我看到他拎了一点水,裤管和一双鞋都湿淋淋的。我说,难得干点小事,你看看成什么样子。弟弟没理我,他拉住宏宝,宏宝,请你帮个忙。宏宝问,什么忙。弟弟说,隔壁班级有个小子,跟我吵了一架,我跟他说叫宏宝来教训你,你猜他怎么说,真是气死我了。宏宝问,他说什么。弟弟说,他说宏宝早已过时了,现在真正的大王是歪头。宏宝问,歪头,哪里的。弟弟说,不知道,我说从来没听说过什么歪头,要不要去教训他一下,你不用动手,只要站在边上,看我在他头上敲几只毛栗子。我对弟弟说,去去去,我至今没见过宏宝打过人,更不要说为你去打一个小毛孩。我既是叫弟弟不要缠着宏宝,也是对宏宝这个大王的一点质疑。宏宝打架如何野蛮都是传说中的,这也不能怪宏宝不出手,因为对方一听是宏宝,立马鸣金收兵。我真的盼着宏宝跟人家打一架,展示一下他传说中的威风。

我对弟弟说,告诉你,宏宝轻易是不出场的,他如果出场那就是大事了,他一出手把人打废了,你说怎么办。弟弟说,要的就是把人打废,那才过瘾。我说,走走,跟你说不通。

宏宝不参加我们的争辩,独自摆弄着丢在一边的散了架的铁皮玩具车。这辆车由于中间隆起像趴着的蛤蟆,我们叫它蛤蟆车。宏宝试图将蛤蟆车组装起来,依我看,就凭他胡萝卜般的手指,要把这些精致的小零件拼装起来,是徒劳的。我仔细研究过,修好它必须要将底盘与车子上壳连接起来,由于铁皮扣子断了,它是没法接上的。

宏宝突然问，你昨夜跟小狗子在一起时有其他人吗。他说话低着头，好像是对手中的蛤蟆车说。我迟疑了一下。宏宝抬起头看着我，他这一看，打消了我说实话的念头，因为我认为那人行踪诡秘，不清楚他的身份，我没有必要说。我说，没有，就我和小狗子。

我说的差不多也是事实，那个人确实没有跟我待在一起。

他一边装配小零件一边说，小狗子经常夜里不回家的。

我问，他爸妈不管吗。

他说，管，为啥要管，只要家里有好处就行了。

我没听懂。有好处，什么意思。

宏宝瞪我一眼，我瞬间明白了，没说出的意思是父母怂恿小狗子去干某种坏事。我看了一眼竖起耳朵在听的弟弟，对他说，你到外面玩去。

弟弟白了我一眼说，这个家不是你的，也有我一份，我有权待在这里。他看着宏宝装配蛤蟆车，一边帮他出主意。

我对宏宝说，我跟小狗子不是约好去的，我是一个人去火车站，在那个车厢里，碰巧遇上小狗子的。宏宝哼哼了两声。我不知道这是不是表示不相信。他自问自答，小狗子真的一个人在那里，深更半夜。我肯定地说，是一个人，只有他一个人。

宏宝没有再说什么。蛤蟆车非但没有装配起来，反而更加支离破碎，小零件比他装配前还多出了几件，他知道回天无力，索性放弃装配。他朝门口看看，捏起小碟子里一片酱黄瓜丢进嘴里，咔嚓咔嚓地嚼着。弟弟把蛤蟆车零件归归拢，放进纸盒子里。他也抓了一块酱黄瓜丢进嘴里。

宏宝跟奶奶恭恭敬敬地说了声,我走了。

昨天夜不归宿的事,我会给人们留下什么印象。

我想到外面去走走,看看别人看到我的出现会有什么反应。我对奶奶说出去走走。她说,你回家凳子还没有坐热,又到哪儿去。我说就在附近。

街上一切如往常一样,至少看上去没什么不同。我从宝康酿造厂旁边的弄堂穿过去,弄堂是对通的,对面出口是热闹的香花桥。整个弄堂就是一条通道,两旁是工厂的墙壁。弄堂笼罩在酿造厂散发出来的酱味里,我喜欢闻这种味道,肚子饿的时候,吸一口会引发咕咕的肠鸣。我深深嗅着酱味,看着两旁灰黄的墙壁上面人们涂写的歪歪扭扭的字,以及乱七八糟的图画。有的还是用的彩色粉笔。好多是粗俗不堪的骂人话,譬如某某是我的孙子,我操某某的姐姐,某某某是只大雄狗,某某好骚等,也有发泄欲望的,如某某我想你,某某嫁给我,我想和某某好,涉及的对象都是用绰号或者代号称呼的。

突然在一个怪怪的人头下面,我发现有一行字是,小金是个小妖婆。小金是谁,会不会是小瑾。我原来也以为小瑾是小金,一次偶尔看到她的作业本封面,才知道她叫李小瑾。这个被称为小妖婆的小金会不会指的小瑾,不过镇上叫小金的女孩子何止十个八个。我想好了,就写"小瑾我想你"五个字。我在地上挑了一块小红砖角,正要涂写,迎面来了一个中年男人,他可能觉得我举止可疑,走过去了还回头看了看我。后来走过两个嘀嘀咕咕的老婆婆,等他们走出弄堂,我连忙到墙前举起手,用劲划动写:

小瑾我想你。一个字足有巴掌大。写好后我不好意思看一遍,头也不回出了弄堂。

我走过塔前茶馆的门口,被腾出来的烟味呛得连咳几下,里面一片嘈杂声。怪不得给老师形容上课时有人说话,总说像茶馆一样吵。

茶馆对面是个专卖小零食和小玩具的小店。如果你口袋里有一分钱或两分钱,可以到这家小店来。它虽然门面小,柜台直接横在门口,但有很多便宜的小零食和小玩意,每隔几天就有新鲜的东西摆出来,花样层出不穷。有一分钱买十二粒的丁点小的彩色弹子糖,一粒放在舌面上,那种甜味好像是从远方传递而来的微弱信号,还有制作简单却可爱的小画片,有可以来输赢的印着小人、公鸡、蜜蜂之类图案的小卡片,有沾着唾液将彩色图案印在皮肤上的印花纸,有在写字画画后一揭就消失的重复使用的神奇画板,有各种橡皮筋和玻璃弹子。

我看到丁素芬站在小店门口,她是班里最没有声音的女生之一,我跟她几乎没有说过话。一个男孩站在她跟前,看样子是她弟弟。她拿着一支橙黄色的棒糖,小男孩仰头盯着它看。她用小指尖在棒糖上比画一下。姐弟俩这是在分享棒糖。

她抬头正好看到我,似乎有一点小小的不自在。我看出,她并不知道我昨夜失踪的事。出于不好意思,她将身体侧转,遮住了手里的棒糖,小男孩凑上去咬了一下子棒糖剩下半截了。她看着咬剩的半截棒糖对男孩说了句什么,将它含进自己嘴里。我装着没看到他们分糖的一幕,免得她尴尬。同班的丁素芬看到我没什么惊诧,看来昨夜的事影响并没有我担心的那么大。

迎面我看到吴林贵的姐姐，她拎着一只搪瓷汤盒，从集美楼酒店门口出来。汤盒沉甸甸的，我估计是豆腐汤。集美楼的豆腐汤价廉物美，四分五分钱都能买，味道鲜美，人们经常会去舀上一碗带回家，汤里满满实实是豆腐和白菜土豆，运气好的话能捞到一截鸡爪以及焦黄的油渣。她看到我笑笑说，你好久没到我家里来玩了。我说是呵，我问道，吴林贵在家吗。她说，在，他整天窝在家里不出门。我说，我过两天有空来玩。我看了看她的汤盒，她说，买了一碗豆腐汤。我忍不住笑起来了。她问我，笑什么。我说，没什么没什么。其实我是笑没有猜错。她忽然想起来似的问，林贵跟我说，你好像上了广播了。我心一沉，我说，是的。她问，是不是做了啥好人好事，表扬了。我尴尬而含混地一笑。吴林贵真有意思，只讲我上广播，也不说什么事，可见他没有把我失踪当回事。她一走，我才想起应该问一下小瑾的情况，但是也难开口。她并不知道小瑾跟我有交往，我唐突一问她会有想法，不问也罢。

经过百艺社门口，刚好十一点，店里好多时钟叮叮当当响成一片。到吃午饭的时间了。那个矮老头站在屋子中间打量着一台大座钟。就是他向父亲告我恶状的，要不是他，我也不会彻夜不归，流落在夜色浓重的铁路上，睡在旧车厢里。我应该对他的告恶状行为有所反应，有所报复。

想到这里我走进店里，看看是否有机会。矮老头侧过头看了看我，又低头打量那座钟，看来他早把我忘得一干二净。他不可能知道由于他的告状给眼前这个人带来的后果。

我很快忘了复仇心态，被那台拆卸开的大座钟吸引住了。这种大座钟我只有在电影里阔人的大客厅里见过,没想到它会出现在这个小镇的钟表修理店。矮老头不时在上面用小工具拨弄着。我觉得大座钟像一个巨人,它有一颗会嘀嗒嘀嗒响的心脏,如果给它安上两条腿,兴许就能走动,它要是会说话,声音肯定是瓮声瓮气的。店里其他的挂钟台钟,有那种男孩的感觉,至于那些小闹钟包括那些小表、挂表,有些像嘀嘀咕咕、交头接耳的小女孩。会不会真有一个有生命的钟表世界,大小不同形状各异的钟表在那里相会,钟表不是一般的物件,它们是有灵性的。

店里又进来了五六个人,他们是路过时被大座钟吸引进来的。矮老头吩咐扁脸小伙计一句话,小伙计起身将一件小工具递给他。小伙计看上去像是个中学生,他目光扫视了观看的人,在我脸上停留了,问道,你是不是供销社老许家的。这突然一问,我毫无准备,愣了一愣。我之所以犹豫一下,是因为这个扁脸的小伙计我一点不认识。扁脸小伙计又说,昨天深夜广播里是在找你吧。

他的话令我非常反感。我根本不认识你,凭什么回答你。

矮老头斜了我一眼,慢悠悠地说,噢,是老许的儿子。哼,他应该想起来了吧,就是我从他手里取走三五牌台钟的,而且昨夜的事跟他不是没有关系。他说,当老许的儿子你不满足,还要离家出走,其实不用广播叫,只要肚子一叫,自然就会往家跑。话音一落,屋里的人都笑开了。我两腮发紧,恨不得变成一只钟,隐身到眼前这片钟的世界里去。我恨矮老头和扁脸伙计,我的出走跟他们有关,可以说是他们害的,他们还在说这种冷嘲热讽的话。我将恼怒压抑下去,我装着无所谓,傻乎乎地跟着他们冷笑,我两边脸颊僵硬,笑得肯定很难看。

矮老头全神贯注凑上去,将大座钟的心、肺、胃、肠取了出来,大座钟就像一座空木屋。我记得看过一本关于有魔法的大座钟的小人书,那个大座钟在半夜某个时间敲响,屋子里的小女孩悄悄从床上起来,打开钟门走进去,钟里竟是一个花园,然后是一场奇黠诡异的情节,有兽身人面的怪物、公主、狮王等等。矮老头侧过头嘀咕了一句,扁脸小伙计对我说,师傅在问你话呢。什么话,我冷冷地问。矮老头转身说,你家那台钟还乱敲点吗。原来他都记得,他早就认出我了。我故意说,不清楚。想想不妥,又补充一句,不太乱敲了。

我正想出门,扁脸伙计过来问,昨晚你到哪儿去了。我讪讪地说,在同学家玩,看看晚了就睡在他家。扁脸伙计笑着说,玩得开心真的会忘了时间,有一次我去鹤槎山,早上出去一晃天黑了,不知不觉一天过去了,回来时肚子饿得路也走不动,差点晕掉。我正想问他怎么认识我的,他先说了,你常在香花桥书摊上看小人书,我也常去看,你坐在那儿看,我白天没时间,是借回来晚上看的。我说,借出来要多花钱。他说,我跟老头熟了,一样的。他说,老头看我们做学徒赚点钱不容易,就常常优惠。我想,他是不是看到我跟小瑾的事,我怕他说出来,连忙把话题岔开了。

有人往店里端来饭菜,一盒饭加一碗冬瓜咸肉汤,咸肉块肥瘦相连,白如脂玉瘦呈微红。我嗅到那饭菜的鲜美,胃里一阵紧抽,赶紧起身回家。

奶奶说,晚上你母亲回来还不知道怎么样。她这么一说,把我忘却的不快又挑了出来,我的情绪降到冰点。奶奶说得不错,妈妈回来能容忍我吗,她发起脾气可不得了。为了让奶奶到时说几句好话，我整个下午没出门，趴在桌上听红灯牌收音机的曲艺节目，几段说唱和相声让我听得入了迷，一时忘记了心里的不愉快和恐惧。上床后我将头蒙在被子里，听着外面的动静。台钟敲过七下，敲了八下，蒙眬之中我睡着了，敲九下时我没有听见。

我是在睡梦中被开门声惊醒的，母亲回来了。我把头闷在潮湿而窒息的被窝里，只留一条细缝透进一丝凉意，谛听着每一点细小动静。母亲进门后喔哟一声长叹，表示她累极了，我想，累就早点休息。可是我听到她在朝我走来，站到我的床边。我屏住呼吸，纹丝不动。一会儿脚步声离去了，进了卧室。父亲在跟她说着话，说什么我听不清。母亲又步履沉重地出来，倒热水的声音、洗漱的声音、泼掉脏水的声音，接着脚步声又过来了。我的心怦怦怦跳得整个被窝里都震响。

奶奶发话了，孩子都睡了，回来就好了。奶奶从心里还是袒护我的。这让我真心感动，这我都懂，可为什么我对她的态度就是好不起来。

母亲轻轻地叹息一声，离开床边，把灯拉灭了，进了自己的房间，门锁舌嗒地弹上。我这才放心了，把脑袋从被子里伸出去。空气多么清新，屋里亮亮的，四处呈现光光斑斑，它们来自窗帘半掩的窗口。窗外几根横斜的树枝拼搭出耐人寻味的图案，好像是洒脱挥写的苍劲的墨迹。不知多久听得台钟当地响了一下，我蒙蒙眬眬想，是十一点半还是十二点半……

链接一：

呜！轰隆隆隆隆隆隆，轰隆隆隆隆隆隆。车轮飞，汽笛叫，火车向着韶山跑。穿过峻岭越过河，迎着霞光千万道，嗨！迎着霞光千万道！

阳光灿烂照车厢，车厢里面真热闹，真呀真热闹。藏族大爷弹起琴，新疆姐姐把舞跳，蒙族叔叔唱起歌，一路歌声一路笑，一路笑。

20世纪70年代少儿歌曲《火车向着韶山跑》

链接二：

火车启动离开车站的时候，你挥舞手绢告别亲友。在我们老家巴纳特的德语方言里，"眼泪"这个词听起来就像罗马尼亚语中的"火车"，所以火车车厢在轨道上磨出的尖厉声音总是让我听起来像是哭泣。

赫塔·米勒《"你带手绢了吗?"》

链接三：

两个醉汉走在铁轨上，一个抱怨："这楼梯怎么没个完。"另一个哼了一声说："它的扶手还这么低。"

《中外笑话选》

第十一章
小石马昨夜站过的地方
印着五六只蹄痕，不深，但很清晰

夜不归宿这事就这么过去了。还好，知道的人不多。上学期邻班有个女生拿走了另一个女生的砚台和半截墨，隔一段时间竟然堂而皇之拿出来用了。她以为这种砚台和墨全班都差不多的，没想到失主在砚台边侧刻了三个小如蚂蚁的名字。这名字沾上了墨渍看不出来，但是稍微一擦或者一洗就显现。失主发现了自己的物品，报告班主任。老师找来女生一问，女生哇地哭了，这一哭说明了一切。后来班主任找来家长谈话，校长在早操训进行不点名批评，大家都知道是谁，全都扭过头去看那个女生。事后这个女生就消失了，也许转校了，也许不上学了。

好多人为那个女生抱不平，一个砚台一截墨算什么屁事，死不承认又能怎么了，那个女生一问就哭说明她老实胆小。宏宝说这种事还没有屁大，如果这也算个事，那把小狗子逮起来起码判个八年十年。小狗子一瞪眼，去你的，我够坐牢，你就够枪毙。我以为这是宏宝玩笑话，现在回想，话里还真是有话。

生活又一切如常，所谓如常是平平常常的意思，其实在波澜不惊的生活里，总有或急或缓的暗流在涌动着。

方老师进行纪律教育时，我一直提心吊胆，生怕她会提我夜不归宿的事，不过她没有，也许是不知情，也许是给我留面子。不过她的目光在我脸上扫过几次，也许是心理作用，我估计她是知道的，毕竟在有线广播里也广播了。有同学来问我，那天夜里我到底去哪儿了，我半真半假半开玩笑地应付过去。我没有说出火车站和编组站，更不会说出小狗子。好在没有人穷究不舍，我平时不太说谎，这倒好，偶尔说点假话大家不太怀疑。一般人认为读书好的人是不说谎的，错了，他们也说谎，不过方法更加隐藏更加狡猾点罢了。

正当我松口气的时候，节外生枝的事发生了。这天王苏金从一边过来，我不想搭理他，他却拦在前面，挤眉弄眼地说，嘿嘿，那天搞得不错吧。我一惊，这家伙鼻子像狗一样，是不是嗅到什么了。我不解地问，你说什么。他说，别装了，你以为我不知道。我说，你知道什么你说吧，我去做作业了，小狗子他们等着呢。他说，你还装，你一夜不归去哪里了。我问，去哪里了，你想知道吗。他说，那当然，你家伙看上去蛮老实的样子，其实有花头。我说，是吗。他说，你那天夜里离家出走，是跟一个人在一起。我一惊，这家伙难道真的什么都知道，小狗子的事被他知道就糟了。可是这件事只要小狗子不说，他是不可能知道的。我笑着说，我整个晚上就一个人。他一脸坏笑地说，我不相信。我说，你不信是你的事，我不跟你说了。他说，是不是跟一个女的在一起。我一激灵，什么女的，胡说八道。同时我也放心了，你想讹我套我话，还嫩了点。他说，跟我说你们干了什么，我帮你保密。我说，要让你保密，天下的狗都会笑了。他说，你跟一个初中女生搭上了，经常约在一起看书，那天你是不是跟她在一起，在碉堡里还是树林里。我笑说，这事你还真管不着。他有点气急地说，你没搞，我不信，至少摸过，是不是，说出来听听。他的脸凑上来，想听我的悄悄话。

我厌恶地避开，斜他一眼，走了。他在后面大声说，你那些破事早传开了。我回头大声说，是吗，传得越开越好，我还想让全世界知道呢。

他的脸气得煞白。

我不怕得罪王苏金，他不凶狠，对强势的人常常一副巴结的样子，但他阴毒，对他得提防着点。我要跟他保持距离，让他没办法使坏。

我发觉周围有点不对劲，一些女生看我时都怪怪的，看了一眼又赶紧闪开，然后捂嘴偷偷笑。我还以为身后有什么东西，回头看什么也没有，不知道有什么好笑的。

小狗子提醒我，小心点，有人在说你坏话。他又说，那天夜里的事不管怎么说，不要把我牵扯进去。我说，你一百个放心。我问，他们说了我什么难听的话。小狗子说，乱七八糟的，你不要在意。我明白了，肯定是王苏金，只有王苏金。我说，我知道是谁，他是造谣，无中生有的事。我注意观察王苏金，他发现我在看他，装着一副轻松的样子，甚至破天荒地哼起了小曲。可他眼睛的余光也在看我，带一丝狡诈一丝得意。

或许是多疑，我觉得方老师对我也不太一样，上课的时候，她几次冷冷地看看我，却不说什么。快下课了，她过来用手指敲敲我的课桌，叫我到办公室去一下。我明显感到王苏金紧张而兴奋的一瞥。

方老师在办公桌前坐下，示意我在一旁站着。她不紧不慢为自己倒了一杯茶，吹了吹冒起的热气，眼睛看着杯沿问，知道为什么叫你来吗。我摇摇头，其实我心里有底，我在想怎么回答得有意思。姚老师夹着备课本进来了，她惊疑地看看我，平时我很少被老师叫来。看到姚老师我倒有点慌，不是心虚，只是觉得被姚老师听到不好，毕竟是那种乱七八糟的事。那天夜里我确实在小瑾的楼下转悠过，不能说没有一点不健康的思想，虽然这些没人知道，但总有些说不清楚的亏心感觉。

窗口，小狗子的脸一晃过去了。

方老师说，听说你跟家里闹矛盾一夜没回，我起先还不相信，这不像你做的事。这些日子我一直想找你谈心，可是事情多没有空，但你的情况还是陆陆续续听到一些。方老师说话时，周围几位老师都支棱起耳朵，有的转过来看我，校长不在，他的位子空着。

没什么，逛了一夜。我瞟一眼窗外，操场上小狗子靠在树上朝这里张望，这家伙担心着呢。一群男生在追逐、大声笑着，一个男生突然一个趔趄跌倒了。大家哄笑着围上去。

外头有什么好看的。方老师生硬地说。我将目光转向方老师，可是抑不住又斜了一眼窗外。方老师的脸紧绷着。我低下头，拼命不去看窗外，可为时已晚。方老师说，首先态度端正，才是认识问题的基础，如果道德品质有问题，再加上态度不端正，即便是学生也是可以处理的。她说，你老实告诉我，那天夜里你在哪里过的。

我喃喃地说，火车站。我本来想说在同学家里，怕经不起追查，说在大街上逛一夜，她不会相信，我只能说实话了。

那么远，你去火车站干什么。

看火车。

看火车，方老师明显不相信，你深夜一个人跑那么远去看火车。

我喜欢看火车。

就你一个人去，没有别人。

有的，车站上有等火车的旅客、有检票的，还有一些铁路职工。我故意曲解地答道。

她没有理会我的曲解，直接问，没有见到熟人。

夜里哪有熟人。我很惊讶地说。

你说的是实话。方老师冷冷地说。

是实话。我的语气多少有些发飘。我趁方老师不注意瞅了一眼窗外，小狗子不在那儿了。

方老师说，有人反映你认识一个中学生，是女生，家就在火车站。此话一出，老师们的目光齐刷刷投向我。我一下子脸庞发热。

我眨巴眼睛，有吗，我不知道。话一出口我就后悔，这装模作样的轻蔑情绪太明显了。

方老师脸上有些发僵，你真的不知道吗，你自己心里清楚，我对你负责才提醒你。告诉你，去年有所中学，一个学生对女生有流氓行为，被送去劳动教养了，两年。

一个教三年级的女教师说了句，问题是这批学生哪像小学生，都是超龄进来的，有的差不多是小青年。有什么问题，谁耽误我们上学的,不是学校没完工推迟的吗,怎么成了我们的问题了。我愤愤地想。

我看到姚老师低着头,双肩耷下。她是不是对我很失望。

我感到屈辱,眼泪蓄在眼眶里,我拼命忍着、忍着,不让它们出来。他们真的把我当小流氓了吗,那天夜里即使我在小瑾的楼下转悠,这也算犯错吗。

方老师说,你能证明那天你夜不归宿没有什么事吗。

这个词终于出现了,夜不归宿。它的出现让我认识到事情的严重。

方老师又问,有人证明你那天夜里做的事吗。

我有点焦急,那一夜真的说不清楚了吗。

我如果不说清楚,老师们都会以为我在干什么见不得人的事。我真想当场把一切澄清。有,我差点脱口说出小狗子,心想,小狗子能证明我,可是他的名字能出现吗。我冷静下来了,不能说,虽然他能澄清我的事,可他的事谁能说得清,还有那个一度消失又出现的人,他是什么人,不能说,否则事情越来越复杂了。恰好上课铃响了,老师们起身去教室了。窗外的操场冷清下来。方老师看上去缓和了一些,虽然问题还没有弄清,她说,我作为班主任提醒你,对一些流言蜚语,老师不一定全相信,但是情况还是要了解的,这是我的责任。你说是吗。

我点点头,眼睛忽然湿润了。

方老师又说,我现在为止还是相信你的。我会教育大家不能乱传谣言。

一股感激之情油然而起,方老师都是为了我好呵。我绷紧的心一下子松了,眼泪刷地流了出来,我感到害羞,用手掌狠狠擦抹着泪痕。

方老师说,你去上课吧。我转身要走,姚老师也抬头看了看我,看不出她是责备还是同情。

走进教室,小狗子和我对了个眼色,我对他一笑。这节课后,我走到小狗子边上,带着革命者走出敌人行刑室的无畏坚毅,我说,没什么,都对付过去了,几个老师一齐逼问,我什么都没说。小狗子脸上闪过一丝笑意,他从口袋里掏出褐色纸包,轻轻揭开,里面是五枚深棕色的大蜜枣。我心情也明亮了。我在糖果店里见过,这种蜜枣是新出来的品种,有人说是进口的,一颗颗裹满了湿润晶黄的蜜汁。他示意我自己拿,我拈起一颗放进嘴里,那甘甜瞬间沁入每一个细胞里去了。他也取一颗放进嘴里,余下的裹起来递给我。

我不好意思地接下来,小狗子心定了。他是真的感激我。

我将蜜枣放进口袋,想起小瑾了,跟她一起看小人书时,我也买过一包蜜枣,是那种干硬的,个儿不大,不太甜。

说实话,我和小狗子经过那个漫长而清冷的车厢之夜,我们的关系无形中更紧密了。那夜他始终陪着我,幸好有他陪着,否则我一人待在空车厢里,肯定孤单害怕。

王苏金完全是无耻小人,竟然将造谣的内容向方老师反映。我故意哼着小曲,一副若无其事的样子,在他眼前晃来晃去。放学时我本来想找他,一转眼不见了,我路过一条胡同时,碰见他了。他在和一个孩子打乒乓球。

一块卸下来的门板搭在两条长凳上,上面用一根细竹子搭在两只书包上作为网。王苏金握的是一块光板，那个孩子拿着一块写字的铁皮衬板。

我走近去看着他们。王苏金看到了我，愣了愣又继续打球。他明显心不在焉，他的球不是打到门板外面去就是从竹竿下钻过去。那个孩子倒是挺认真，可老是去捡球。小孩子叫起来，你好好打行不行。王苏金说，我这是一种新的打法，叫滑板球，我学会了就没有人打得过我了。边说边将球拍一撇，乒乓球又斜出了门板。孩子又去捡球。我觉得这种人简直就是无赖，再想想他抽烟的母亲和五个哥哥，整个都不像是正气的人。算了吧。我将书包往身上一甩，走了。

气闷，怎么才能惩治这种坏蛋。

第二天方老师为我主持公道了。她走进教室时脸色严峻，一开始先讲了欢迎同学们主动向老师反映情况，接下来话锋一转说，反映情况要有事实依据，否则会对同学造成伤害。

我希望方老师点出造谣者王苏金的名字。可是没有。她说最近班里对某某同学有些不好的传言，经过老师调查，那些传言是没有根据的，这事就到此为止，以后不许再提，谁提谁负责。一些同学回过头来看我，我的后脑勺也有好多目光像蚂蚁似的爬来爬去。几个女同学在交头接耳议论，有个黑黑的叫陈六妹的女生平时老是拿眼角瞥我，这时竟然皱起眉头，有种怪怪的说不清的味道。我抬头望着方老师，心中充溢着感激之情。

王苏金脸上毫无表情，依然虔诚地望着方老师。我朝他看，他不理我，我趁方老师不注意，朝他做了一个得意洋洋的鬼脸。他这下沉不住气了，气呼呼地用手拉扯着下面的书包带，扯得砰砰响。方老师停下话，沉着脸朝他走去，全班都静下来瞧，我期待方老师掀起一场暴雨雷霆，以解我心头之恨。方老师弯下腰看了看，你的书包背带怎么了，嫌它碍事把它剪掉，做个挎包算了。有人笑了一声。我对方老师有点失望，但总算有一句调侃，我也笑，笑得很夸张，哈哈哈。方老师皱眉看看我，我马上收敛了。王苏金满脸涨红，不过他不敢作声，这家伙嘴巴脏得出蛆，对什么人都敢乱说，唯独不敢冒犯方老师，连背后也不敢。

方老师又回到讲台上接着讲，有句话就叫作有则改之无则加勉，什么意思，就是别人反映自己有缺点，有缺点就要改正，如果没有呢就要提醒自己注意了，以后不要犯这样的错误。别人对你提出批评是好事，是关心你爱护你帮助你，即使提的意见跟实际有出入也不能不高兴。我还是要强调，同学们有情况要积极向老师反映，让老师及时了解情况。

照她这么说，我还要感谢王苏金。

小狗子完全是一种置之度外的样子。我觉得跟小狗子的关系比别人要深一层，多一层默契，小狗子似乎对我还是跟以前一样，一点也没有更接近。也许他是有意为之。一次我手头有点钱，请他去常兴楼吃面，他没去。我想跟他单独在一起，聊聊铁路，他似乎也在避开这个话题。他本来就是一个独来独往的人，一个被人忽视也不在乎的人。

宏宝跟小狗子都是棚户区的小兄弟，宏宝像一个老大哥，像一头狮子，而小狗子，像一个善于在夜间生存的小动物，行事诡秘，不可捉摸。我清楚那是假象，他有很执着甚至疯狂的一面，他却把那一面深藏起来，不让别人触碰。那夜在车厢是例外，那特别的环境和气氛里，他也许是第一次对人吐露出那段埋得很深的隐痛。我怕他对我说了以后会后悔，但我不会跟任何人提起，这是一个男人应有的品质。

心情不好时我会想起小瑾，会有一种暖暖的感受，特别是闭着眼想小瑾的一笑一颦，一举一动，真是一种享受。都说日有所思夜有所梦，奇怪的是我从来没有梦见过小瑾。我一入睡小瑾就消失了，梦见一些纷杂怪诞的东西。我的梦里甚至出现过书上的神怪和檀园砖塔上的小兽在空中斗法，有时梦很逼真，会激动得把自己喊醒。

有一次我梦到小石马。我记得半夜醒了，怎么也睡不着，就偷偷起来到外面。迎面是一阵夜的惬意的凉意，我站在门前看，天空显得空而远，细细密密的星星像撒的白芝麻，或者说更像无数冰晶。星星透着一种冰雪的亮丽，一种闪烁的棱芒。前边的包菜地怎么光秃秃的，变成一片平坦的草地。我很诧异。我记得昨天还看到满是一排排成熟的包菜。更让我吃惊的是，草地尽头有物件一动不动站立着，好似一头牛犊，我犹豫地走近，不由一阵惊喜，那不是小石马吗。它怎么从遥远的铁路边来到这儿，我不愿多想，也不想弄明白。它在满天的星光下闪着光，像是银子铸就的。我轻抚着它，凉凉的，滑滑的。推推它，纹丝不动。它的眼神好像由星光注入了生命，黑黑亮亮，温顺地注视着我。

我双手撑在马背上，抬腿跨了上去，坐在马背上抬头四望，无垠的星空仿佛低垂下来，无数星星散成一颗颗悬落的亮珠。我如果策马跃起，那些星星仿佛触手可及。我回头看看自己的家，它仿佛隐进小镇的深深的幽暗。我害怕了，赶紧跳下马背，我想回家,我向家的方向走了两步,再回头看,不由张大了嘴巴……

小石马动了,它抬了抬前蹄,看上去轻便自如。它扬头看看星空,迈步走动,在它的前面是一洼水塘,它踏步在原地兜个圈子,到水塘边,俯下头,水边漾出了一圈圈涟漪。小石马应该不需要喝水的,它大概是探探水深。塘水清浅。小石马踏进水,塘里的星光晃动了。它朝东方望去,扬起四蹄跑了起来,蹄下溅起一簌簌银花,越跑越远……

我怀疑是在梦中,恍惚迷离,可推门进屋,闻到家里熟稔的气息,悄悄钻进被窝,倒下就睡着了。

睁眼天色已亮。我在家门口望去,包菜地里一个农民正在割包菜放进竹筐。我往前走去,小石马昨夜站过的地方印着五六只蹄印,不深,但很清晰。我激动得喉头发紧,简直不敢相信自己的眼睛,我拼命抑制住激动,这些蹄印可以作出种种其他解释,譬如说是耕牛的蹄印,或是某些农具杵出来的等等。我怕被别人当成疯子,所以没有声张。

再说,我自己也怀疑那会不会是个梦。

链接一:

我登上一辆乘客稀少的列车,在三等车厢的座位上坐下。列车好一会儿都没有开动,真让人受不了,然后列车缓缓驶出了车站。它向前爬行,经过破烂废弃的房屋,又跨过波光粼粼的大河。在韦斯特兰罗车站,人群涌向车厢门口,可列车员却让他们退后,说这是去集市的专列。空寥的车厢里,我始终是独自一人。几分钟后,列车在临时搭建的木质站台前缓缓停下,我走出车厢来到路上，看到亮着灯的大钟盘上已经是差十分钟十点了。

詹姆斯·乔伊斯《阿拉比》

链接二：

新成立的中国铁路总公司于昨天（3月17日）正式挂牌，原铁道部门口一大早挂上了"中国铁路总公司"的新牌子。挂了64年的"中华人民共和国铁道部"的牌子将被送到中国铁道博物馆。新成立的中国铁路总公司将履行什么职责，面对怎样的一条道路？

中国广播网《中国铁路总公司正式挂牌
市场化道路任重道远》

链接三：

路基的一侧是满坡清一色的白桦林，树干雪白，枝叶婀娜。"就跟舞台上的布景一模一样。"她快活地想。路基的另一侧，护堤下面一大片绿油油的庄稼地连绵伸延，田间点缀着各色野花。再往远看，极目处参差错落的林木上方宁静的天空里悬浮着朵朵绵软的云彩。姑娘看见其上一朵金灿灿的云高高升起，似乎在目送着东去的列车。

伊·拉克莎《野芍药花》

第十二章
昏黄的街灯加深了周围的幽暗，
为我的思绪蒙上一层淡淡的忧伤

王苏金瞧我时眼白比眼黑多，时常对我挑衅，从我这儿走过时，故意将我的课桌撞一下，老师叫我回答问题时，他突然从嗓子眼里挤咳出一种怪声，干扰一下。

虽然没啥大碍，但长期下去不舒服，我得解决。跟他来硬的，索性把事情闹大了，我作好准备，争取主动。我在兜里藏着一截小锯条做的小刀，一头呈尖角，另一头用胶布缠出刀柄。我在树身上试划两下，划痕极细，但瞬间树汁一滴滴渗了出来，可见其锋利。我在王苏金面前将小刀亮了一下，食指在刀锋上拭一下，朝他的脸上吹一口气。他没想我会这样挑衅，惊异地眨巴眼睛。

要在气势上压倒他。

那天我们下课休息时聊天，方老师走了过来，问我们在聊什么。宏宝说，又在聊什么时候去解放全世界。方老师问，解放全世界你们能干什么。大家七嘴八舌，有的说每人发一支枪上战场，有的说当地下党，到敌人心脏搞情报。方老师特地问我，你呢。我一时反应不过来，想了想说，我专门去搞破坏，炸桥梁、炸铁路，什么都能干。方老师说，听说你随身带着一把小刀，也是用来扎敌人的吗。我蒙了，结巴地说，没有，没有。她说，你的敌人在哪儿,你可不能用它扎同学。

大家起哄了,交出来,交出来。我说我没有。大家说有的,有的。他们有的看到过。我渐渐脑子清楚了,好在此时小刀正好不在身上。我拍拍口袋,真的没什么。方老师说,真的吗。我本来不想翻出自己口袋的,方老师不相信,我就将自己的上衣口袋和裤袋翻出来,一一掏出好多小物件,三张香烟牌子、一颗玻璃弹子、三枚枣子(从家里橱柜顶上拿的)、半块梅饼(我一时犹豫要不要拿出来)。大家看到都笑了,方老师笑了笑,没说什么就走了。

在众目睽睽之下将这些小物件曝光,让人非常难为情。

方老师怎么知道我的衣袋里有小刀,我脑子里一根筋转了过来,她这次是有意来查我的小刀。幸好小刀没带在身上。因为当天有体育课,我就将小刀放在书包里。去年发生过一起事故,镇中学一个学生裤袋里放着小刀去踢球,一抬腿刀子扎进自己的肚子,被送进医院抢救。我一听就提醒自己了。这事准是王苏金向方老师告密的,也好,让方老师知道了我们之间的矛盾,她可以留意了。王苏金总是去打小报告,真是一个小人。为了避免不必要的麻烦,我把小刀藏在书包下面,这刀太尖利,带在身上确实有点危险。

最好弄块皮做个刀鞘。

姚老师虽然不教我,在校园里还是经常遇到她。那天在办公室被询问,我担心会被姚老师留下坏印象,后来她对我跟以往一样微笑,我才放下心。姚老师跟方老师不一样,她对学习好、穿着整洁的学生热情,对学习不好、穿着邋遢的学生冷淡,态度截然不同，而且很明显，连我都觉得不好意思。我经过办公室朝里张望一下，总想看看姚老师在干什么。

姚老师走在长廊里，鞋底会敲出好听的得得声。她走路时背挺直，步幅小，不晃动，很优雅。这种规矩都是从小培养的，她可能出身什么书香门第吧。

一天有个同学对我打手势，他指指后头，我扭头一看是姚老师在叫我。姚老师刚从三年级教室里出来，搂着一叠作业本。姚老师叫我会有什么事，为什么在操场边等我。我看到王苏金在远处抬起头，警觉地看着，他的脑子里肯定有乌七八糟的脏东西在发酵了。

我赶紧朝姚老师走去。

姚老师。我轻声叫了一声。姚老师用那只不搂作业本的手将我拉到跟前，一阵淡淡的桂花清香飘来。王苏金的眼光在走廊柱子那里闪烁。我下意识地退后一步。

姚老师看看左右，低声说，有个消息告诉你，怀少小学有个五年级学生的父母调到县城工作，他要去县城读书，班里空出一个名额，可以进一个人。你回去跟父母说说，想办法转到怀少小学去。

我说，我已经五年级了，还转吗。

姚老师说，到好学校读一个学期也是值得的，不一样的，对你是有帮助，在这里只会被耽误，很可惜。

我在犹豫着。姚老师说，你必须争取去，对有的学生或许没意义，对你是个机会。她说，这事知道的人不多，你可要抓紧。

消息无疑是个好消息，不知怎么，我高兴不起来。面对姚老师真切和期待的目光，我迟疑地问，能行吗。

姚老师说，你回家跟家长说，能行。

在淡淡散开的桂花香里，我抬头对着姚老师亮丽的眼睛，赶紧把头转向一边，迅疾地瞥了一眼不远处的王苏金。

我说，好的，我知道了。我转身要走，也许姚老师看出我不是特别起劲，叮嘱一句，要抓紧，知道吗。

有机会离开这所被人瞧不起的民办小学了，这是一件好事，可是我没有高兴的心情，反而有些惆怅。我觉得到怀少学校去未必全是好事，首先我的学习成绩在那里排不上号了，也许中等也轮不到。主要是那儿的生活是多么无趣，下课以后没人玩，没人去火车站，或许根本没人想去火车站。

我离开了姚老师。

王苏金像警犬嗅着味道靠了过来，歪着脑袋问，怎么样，那个妖女人盯上你了。我不让他察觉自己的情绪，故意轻描淡写地说，姚老师找我谈点事。他眨巴几下眼睛说，谈点事，哼，你要当心，妖精会害人的。

他为何如此恨姚老师，真是想不明白，照理他们毫不相干。隐约记得听人说起过，王苏金大哥跟姚老师是初中同班同学，当时没在意，现在猛地冒出来了，就像沉静的河面上突然跳起一条鱼，扑通，水面晃漾着，活起来了。联系起来看，王苏金对姚老师的敌视，是否跟他大哥有关。世界上没有无缘无故的爱，没有无缘无故的恨，虽然其中有啥内情不清楚，他大哥与姚老师一定有故事。王苏金的大哥我见过多次，看上去年纪比姚老师大，一副沉默寡言、闷闷不乐的神情。他在镇北面的轧花厂当工人。厂门前宽宽的横沥河里永远停泊着被棉花大包压得沉沉的船只，厂房日夜传出嘭嘭嘭的弹棉花的机器声。工人们戴着鸭舌帽和大口罩，头发上、眉毛上都沾着白棉絮，像童话里的雪人。没准他大哥追过姚老师或者谈过朋友，后来受了伤害。当然，都是瞎猜的。

  我试探地说，姚老师蛮好的，很和气。他说，你不知道，她是勾引男人的老手，在中学读书就是一只骚狐狸。我惊讶地问，她中学的事你都知道呵。他支吾着，当然，她的底牌我清楚。我若有所悟地噢了声。他愤愤说，她本来应该去新疆建设兵团的，结果迷住医生，弄了张假的生病证明逃过了，她又迷倒校长进了学校，代课也没水平，教不了高年级，只好教教低年级。我瞅着他激动不已的样子，心想这家伙真像搞情报的，把姚老师的事说得有板有眼，不知从哪儿听来的。我傻乎乎地问，你大哥不也没去新疆，他是真有病吗。他愣了一愣，一片阴翳滑过他的脸孔，我大哥是真有病。我说，看不出来，他有病能当工人。他说，当工人可以，就是动脑子不行。我想，失恋严重也是一种病，是不是那种相思病。我想小瑾的时候有时也有点恍惚，不过思想一转移就好了。他说，我要让她不好受，你瞧着吧。他又问，狐狸精到底跟你嘀咕了什么。我笑着说，真的没什么。他说，肯定有事，我看得出来，你不说我也会知道的。我逗他说，好吧，我告诉你。他耳朵凑上来了，我压低声音说，她告诉我要提防班级里的小人，小人挑事搬弄是非，常到班主任那儿去告刁状。他一下子跳起来嚷道，她不教我们凭什么管我们班里的事，她自己是个什么东西。我怕他闹大了会让姚老师为难，连忙说，没有没有，我是瞎说的，说实话吧，她在办公室听说我的成绩退步了，叮嘱我好好读书。

王苏金将信将疑地盯着我看，嘟哝一句，你这家伙表面老实，其实挺滑头的，半句进半句出。我想，我不多长个心眼，栽在你手里就倒霉了。

我经过王苏金的家，特地从门口张望他的大哥。他多半不在家，偶尔看到几次，见他躺在一张后仰的藤椅上，望着门外的行人和车辆，嘴巴翕动好像在默念什么。这说明他大哥是有病。

关于怀少小学空个名额的事，像鞋子里搁进一颗小沙粒，硌得人难受。不去吧，觉得可惜，毕竟是一所体面的学校，去吧，又觉得民办小学也蛮好，有点舍不得。

我想跟父亲讲怀少小学五年级有缺额的事，听听父亲的意见，也许他不同意转校，毕竟读了五年了，还有一年就要毕业了。他会说就在民办小学读读吧，读书好不好主要靠自己，转到新学校路远了，不方便。如果这样，我对姚老师有个交代。万一父亲说，好呵，我去跟他们校长说说。那怎么办。

父亲看我在家里犹豫地来回走，问我有什么事吗，没事看看功课。他一说提醒我一件事，方老师后天要上公开课，叫我预习一下。她说，把课文多读几遍熟悉一下，提问内容她先不透露。她说，咱们不能弄虚作假。

前几次公开课，她没有让我预习，由于我对她有意见也没认真准备回答，她课上显得有些不知所措。现在她事先叫我熟悉一下课文，显然是要我在公开课上帮她。

在学校里我躲着姚老师，怕她问我转校的事跟家长讲了没。

我怕会引起姚老师的失望，辜负了她一片好心。

又过了四天，我还在犹豫中，父亲也一连几天晚上加班，他回家就看书和文件，我也就没有去打扰他。晚饭后宏宝带我去见一个在菜场当会计的朋友，去观赏他收藏的香烟牌。那人十七八岁，他收藏的香烟牌子有好几百种，看得我眼花缭乱，许多香烟牌子我连听都没听过，别说看了，天晓得他是怎么搞到的。我如果能拥有其中两张就觉得很了不起。他却不无遗憾地说，我就是缺一张熊猫牌，很难搞到，如果谁有，我愿意让他在里面随便挑二十张，跟他换；我还愿意出十元钱买。我深深地吸了口气，乖乖，收藏这种高级香烟牌我连做梦都在想。

转学的事就这样一拖再拖没有提出来。其实我自己不抓紧，是我自己在找各种理由拖延。我为自己找了一个理由，那就是父亲未必肯为我去说转学的事，如果他肯去说，当年就直接把我送进怀少小学。我了解父亲，他不愿为自己家的事去麻烦别人。不说别的，眼下紧俏商品譬如猪肉、鲜鱼、鸡蛋、山芋、菜油等等，家里全都按配额去买，一点也不超额，他还让我和弟弟去排队，从来不要照顾。倒是那些营业员，有的认得我，称秤时会将秤头翘得高一点，有的会拿出藏在柜台下的好货。转学的事我跟他去说也是白搭。这么一想，我的心宽了。

老是躲着姚老师也不是办法。巴掌大个校园，能躲哪儿去。我只能将身体转来转去，背对着姚老师，不让她看到我。我遇到姚老师，实在躲闪不开，就编理由回答她。好在她没有问。也许教书太烦心，那事她忘了。

总之我还是放弃了，有点可惜，但无所谓。

又有好一阵没有见到小瑾了，我要把那个火车站之夜的事告诉她，好几次我放学后去照相馆门口，但是没有见到她。我想去问问吴林贵，他也许知道小瑾的情况。

万花筒事件后，我没去过吴林贵家。他这人没坏心，就是自己顾自己，对别人的事不关心。我还是大度一点主动一点吧。一次我弄到一本内容有点"黄"的破烂不堪的连环画，悄悄地问他，这本你看过吗。吴林贵翻了翻说，没有，你看好了让我看。我说，你先拿去吧，小心，别让人瞧见了。他说，放心，我带回家看。我慷慨地说，行。我讲了跟宏宝他们去火车站的经历，讲了编组站和那里的空车厢。吴林贵表情开始生动了，眼睛发亮，连续问，是吗，真的吗。我很自然地讲到在火车站小店里遇到小瑾。七拐八弯地，把话题很自然地引到了小瑾身上。不过他对小瑾的话题并没有多搭茬，也许他也说不清楚。

我讲顺溜了，讲起了怀少小学五年级有学生转学，空出一个名额，我还郑重地叮嘱他，这事你要保密，不要对别人说。他盯着我看，真有这事。我用地下情报人员的口吻说，消息可靠。

我说完，他也跟我聊了几句。他说那支冲锋枪其实是坏的。我一愣。他说，别看外表蛮新的，只是铁皮壳子，里面是空的，没法打响。怪不得我掂在手里轻乎乎的。他说，我小时候，大概三四岁吧，到上海亲戚家去，他家的孩子在玩这支冲锋枪，我吵着也要，那孩子死活不肯放手，我也大吵大闹，两个孩子都不饶不依，只好早早把我带回家来。没想到过一段时间，那个亲戚来玩，把这支枪带来送给我。我发现枪已经坏了，不能发声闪光了。我不感兴趣了，就一直挂在墙上。

原来是这样。吴林贵这么一说，有点推心置腹的意思，以前我搞错了。李小琳说他父亲上海也有个家，有枪的亲戚或许就是他父亲在上海的家，那小孩会不会是他父亲在上海生的孩子。当然他是不会说。

吴林贵接着主动说起，小瑾现在跟火车帮的人混在一起，特别是跟头目大宋的关系好，人家背地里称她为压寨小夫人。有大宋撑腰，谁都惧让她三分。这消息准是从他姐姐那儿来的。

我不太相信。小瑾怎么可能跟火车帮那批小流氓厮混，他们父母都在火车站工作，彼此当然认识，在一起说说话是正常的，说压寨小夫人什么的，肯定是谣言。吴林贵不会编出这套话来说给我听，他不是一个有心机的人。常言说，无风不起浪，小瑾是个单纯的女孩，可能会上别人的当。

放学后我又来到书摊，我和老头见面彼此都有点不好意思。

我因为穷得叮当响，好久没来看书；他则因为架子上还是一些老面孔的书，没什么新的。他客气地请我坐，让我随便拿了看，也不提钱的事。其实也是为了壮壮他冷清的门面。我随便翻着书边观察着周围，此刻学生已潮水一样涌过，街上人走得差不多了，我没有见到小瑾。

在书摊待了一会儿就回家，一进门见到奶奶的拐杖，我脑子一激灵觉得忘了什么。奶奶见我空着手便问，你帮我配的药呢。早上出门她再三叮嘱，我满口答应，结果还是忘了。奶奶的腿肿病发了，她每年发一次，发病时腿肿得像大象腿，疼得不能走路，她不肯安分地躺着，就拄着一根拐杖坐着。前几年爸爸找了个老中医看了，开了几帖药，吃了几帖腿消肿了，没几天就好了。奶奶把处方宝贝似的藏好,昨天腿肿发了,她找出处方让我去抓三帖药。她说三帖药就好,不用多配。我将药方夹进课本里,为民中药房在学校往东一点,很方便。

这几天我有点魂不守舍,把这事给忘了,太不应该了。

奶奶说,你根本没把我的病当回事,把药方给我,我让你弟弟去,趁药房还没打烊。弟弟应声而来说,奶奶我去。我又愣住了,发现我把书包留在教室里了,药方在书包里。没等奶奶抱怨,我撒腿朝学校跑去,马上去拿药方配药。这事我错了,说什么都没用。

好在学校近,我拐过巷口的杂货店就看到污迹斑斑的学校围墙,夕阳在上面刷了一层橙红的光。办公室的窗半开着,玻璃折射出彩光,随着我的走近在不断变幻。

经过办公室窗口时,我弯下腰,探出半个脑袋偷看一眼,里面只有三个人,一个是校长,其他两个是李教导和马老师。校长在读着笔记本,李教导和马老师边听边记录。对李教导我没一点好感,他不上任何班的课,整天板着脸,学生们都远远避开他。他讲话第一句总是,我可以告诉你或者我可以明确告诉你,有一种盛气凌人的气势。有一次一个老师请假,他来代课,上来先介绍自己是搞教导工作的,接着展开报纸读报上的新闻。他读得磕磕巴巴,一段句子分解成一个一个的单词,听得很累。他在每篇新闻后面加上评说。他来代的课是我小学生涯中最安静的,没有一个人敢开小差。

李教导停笔时专注地望着校长,又朝窗口张望一下,我连忙把脑袋缩下去。关于马老师,实在说不出什么,他没有给我们上过课，人看上去很和善。王苏金说姓马的老师是痨病鬼，还说民办小学最苦了，派来的老师不是狐狸精就是痨病鬼。

校园里连鸟鸣都渐渐息了。校长的声音显得很清晰，我能听清但是听不明白，内容像广播的社论又像在作报告，听不出什么名堂。校门虚掩着，我推门进去朝教室走去。教室里竟亮着灯，我以为是谁忘了关，一看是方老师坐在第一排学生座位上批改作业。

方老师不愧是上过报纸的优秀教师，工作起来没日没夜，她还经常家访，住在很偏远的农村同学家她都去过，但我的家她却一次也没有来。

有一天晚上我经过王苏金家，瞅见方老师在他家里跟王苏金的母亲说话。我很好奇，莫非方老师是去家访的。还有一次休息天的下午我从他家门口经过，又看到方老师在他家里，坐在餐桌前，桌上还放着一只碗。是在吃点心吗。她在王苏金家神情轻松，不像是去家访。

我不想打扰方老师，可是不进去就拿不到药方。我只能硬着头皮推门进去。方老师听到动静抬头看到我，问，忘记什么东西了。我不好意思地说，来拿给奶奶治病的药方，要去药房配药。方老师说，你看看，老师又要批评你了，别看你成绩不错，其实心思还没有完全用在学习上。我没吭声，到课桌前把书包拿出来，取出药方，对方老师说，这里的灯光太暗了。方老师黯然一笑说，办公室在开党员会议。我颇感意外，怎么，难道方老师不是党员。我一直以为方老师是共产党员，她应该是党员，她比我所知道的党员都积极，连李教导和马老师都是党员，方老师怎么会不是呢。

方老师仿佛看出我的心思，她说，当一名共产党员是很不容易的，要经受组织上反复考验。我说，我知道的。书上都是这么写的，有的在硝烟纷飞的战场上考验，有的经受敌人严刑拷打的考验，有的在又脏又苦的岗位上考验，也有的经受糖衣炮弹的考验。那么校长、李教导和马老师都经受过反复考验了吗，连虚张声势的李教导和病恹恹的马老师都经受了考验，方老师会比他们差吗。方老师说，有些事你还不理解。

接着她岔开了话题，你和刘小汪的"一对一"要成为全班的榜样，不要倒过来受他影响，跟着他到处玩耍。她说，刚刚看了你的作业本，答案基本对的，就是字像蚯蚓弯弯扭扭，你不是写不好，是没用心。她说着翻了翻一叠作业簿，好像要把我那本找出来，可是她的手停住了。我心里嘀咕，上次你还叫我向小狗子学习，现在又叫我不要受他影响。她说，你们这些孩子，什么时候懂事了，让我少操点心就好了。我看看方老师的头发里冒出丝丝缕缕的白发，我第一次发现她的白发。想想这么晚了她还批作业，我真的有些感动。方老师看了看手表说，你还要替奶奶配药吧，赶紧去吧。

我说，好的，来得及。我按了按衣袋里的药方，走了。

办公室里的党员会还在开。走廊前银杏树在晚风中刷刷作响，衬出了校园里深深的静寂。我走了几步回头看教室，那只高高吊起的灯泡发出的光亮，微弱得像暗夜的一盏烛火。

暮云四合，街灯亮了。我朝为民药房走去，方老师的事萦绕在我心里，想不清，驱不散。昏黄的街灯加深了周围的幽暗，为我的思绪蒙上淡淡的忧伤。

链接一：

他坐在自家的桌子旁，把新列车时刻表从头到尾背了下来。他记住上面的变化，并为之欣喜。有时也有人向他打听发车时刻。这时他会喜出望外，想准确知道对方要去哪儿，向他打听的人，肯定会错过发车时间，因为他不会轻易放过提问者。他不满足于回答发车时刻，而是马上告诉对方火车的车次、车厢数、可能的中转站以及行驶时间，他会解释道，乘这趟车可以去巴黎，在哪里发车转乘以及什么时候到达。他不知道别人对这些根本不感兴趣。

他自己从不乘火车。乘火车没有意义，他说，因为他事先知道火车什么时候到达。

彼得·比克塞尔《痴迷记忆的男子》

链接二：

帅克行了个举手礼，说："报告，上尉先生，他们想诬陷我，说是我搞停火车的。铁路管理局安了一些古怪的铅封在他们的紧急刹车器上。您可千万别接近它，否则就要倒霉了，他们会像敲我二十克朗一样敲您二十克朗。"

雅·哈谢克《好兵帅克历险记》

第十三章
没人感兴趣的事，不管开场如何风光，
最后往往连样子也懒得做

小狗子这个看上去萎靡不振的家伙，可不敢轻看他，他日常中有作假的成分，好多人不了解，还自作聪明地捉弄他。

小狗子上课有两个坏习惯，一是趴在课桌上打盹，他是真睡，有时还发出轻鼾，常在老师的摇头苦笑下被同桌摇醒。他抬起头擦着流出的口水，抬头茫然四顾。全班哄然大笑。小狗子不恼，嘻嘻一笑，一副很傻的模样。我从前也跟大家一起笑，现在笑不出来了。他另一个坏习惯就是脱鞋。只要不是大冷天，他闲下来就脱鞋，有时脱一只，有时两只都脱掉，好像他的脚受不了鞋子的束缚。他上课时先脱一只鞋，另一只鞋挂在脚趾上，过会儿换过来。他说这是轮换出来凉快凉快。他从来不穿袜子，黑乎乎的光脚，还不如他的鞋底干净。小狗子不缺钱，他宁愿去买吃的，他会一个人去常兴楼吃猪肝面和小笼包。

淅淅沥沥下了一夜雨，早上才歇下来。所有的土路都像是浇了一层稀烂的泥浆，那些铺过石子和煤屑的路，也布满大大小小的水洼。学生们的鞋底粘着厚厚的泥，就像踩着加厚的鞋底走路，他们一进学校就将鞋底的泥蹭在门槛上、砖廊边、教室里，顿时觉得两脚轻松了许多。湿泥到处都是，让人无法下脚。方老师又

去参加县里的教研活动,由教三年级的林老师代课,他的脸跟窗外的天气一样阴沉沉。学生也都没精打采的,连墙角的拖把和挂着的抹布都无精打采地耷拉着。

枯燥的课上,都期待发生点什么打破一下。

小狗子上了半节课又趴在桌上,不一会儿发出轻微的鼾声。这家伙一大清早能睡着,本事真大。他的头发是湿的,衣服是湿的,一只光脚搭在桌子前的横木档上,脚下是一只形似泥蛙的鞋子。同桌的孙琪,看到那只泥蛙有越界侵犯的嫌疑,就用脚碰了过去。这被后面的宏宝看到了,他指指孙琪,示意他把泥蛙踢到前面去。

孙琪对宏宝摇摇手。毕竟同桌相处不错,没必要去冒犯他。宏宝对他瞪着眼睛,还在示意他干。

林老师发现这儿的动静,看一眼宏宝,讲课停顿了一下作为提醒。宏宝脸红了,马上坐端正。事情没弄成反被老师警告,宏宝有点气恼,等老师转过身去,他对孙琪龇牙晃拳,意思是你不干我下课收拾你。孙琪只好将泥蛙踢了一脚,泥蛙一下蹦到前面去了。

泥蛙碰到前面女生的脚,女生低头一看吓了一跳,连忙将脚缩起来,回头瞪了孙琪一眼,厌恶地将泥蛙踢到一边。旁边的同学不由分说一脚踢到前面,前面是郁泉兴,听课正没劲,看到泥蛙来劲了,他使劲一脚,把泥蛙踢到讲台前。

我可不赞同宏宝这么做,我使劲干咳一声,想把小狗子惊醒,可是他只是转了一下脸,连头都没抬,又趴下睡了。

林老师在讲台前走几步,突然瞄到地上多出一只泥鞋,有些惊异地看看台下,见大家全都绷着脸没反应,他以为是丢弃的脏东西,没管它。

下课铃响了,小狗子也醒了。他抹抹嘴角的口水,一只脚下意识地在下面探索鞋子,探了几次是空的。他不得不低头找,发现一只右鞋不见了。他不相信会丢失,他朝后面地上看看,又朝前面地上看看,有点困惑,这只破鞋莫非长翅膀飞了。一边有人在诡兮兮地笑,他察觉了,于是咕哝一句,谁拿了我的鞋子。没人理他。他接下来爆了句粗话。孙琪正要向他说,宏宝用眼神制止了他。

小狗子看看我,我朝讲台努努嘴。他光着一只脚过去了,好像瘸了一条腿。讲台前他找了找,抬头望望我。怎么,那只泥蛙不在那儿。我上去瞧了一遍,真的没有。

教室外面传来一阵阵欢叫声,我出去一看,一伙人在操场上抢踢一只裹着一团污泥的物件,我意识到这只完全变样的东西,很可能就是小狗子的鞋。大伙边踢边叫,那物件在泥地和水洼里滚来滚去。踢的人都是其他班的,他们不知道这是小狗子的鞋。

宏宝、王苏金、孙琪他们也闻声出门,跟着起哄。

这鞋肯定是有人故意从讲台前弄出去的,那些淘气的学生就把它当球踢。小狗子站在我后面,鼻孔的气息喷在我的肩头,又糙又热。我转过头,看到他正斜眼看着,气呼呼地,我怕他上去蛮打,他肯定吃亏。再说也不能怪那些踢鞋的人,他们并不知情。我伸手扯住他的衣襟。他凶巴巴地对我吼,你放开,干吗拉着我。我说,跟他们没有关系。他用方言狠狠骂了一串脏话,扬起手,我才发现另一只鞋拎在他手里。

踢鞋的学生看到大声叫骂的小狗子,瞧见他手里的一只泥鞋和两只光着的脚板,立刻明白是怎么回事了,便停下脚陆续走开了。

泥鞋遗弃在操场中央的烂泥里,像一只丢弃在河边沾满污泥的空蚌。大家纷纷回到教室里去了,那些等着看好戏的同学,难免有些失望。只见金群走出来,朝泥鞋走去。他弯腰用大拇指和食指捏起它,走过来,也许泥鞋太重太滑,走了几步啪地掉地上了,他又捡起来,拎到小狗子跟前一丢。小狗子一动不动。我对金群点点头。小狗子冷眼看着回到教室去的一伙人,他本能地怀疑此事与宏宝有关。

小狗子在操场边一个积水多的水坑边,把鞋子放在水里荡了荡,拎起来抹掉一层泥浆,又放进水里晃荡几下,鞋子渐渐呈现出它原来的样子。他拎起来看,鞋底和鞋面的连接处豁了一条缝。这鞋废了。

上课铃响了。小狗子还在外面不紧不慢地洗鞋子,我在一边守着他,他甩了甩鞋子上的水,慢吞吞地走进教室。奇怪的是老师看到迟到的我们俩,什么也没问。她可能知道我们是"一对一"的一对。其实这"一对一"活动大家差不多忘了,墙角的那张表格也早已纸旧角翘,字迹漫漶不清。

放学了,我和宏宝、小狗子他们一起走,小狗子面无表情地问,说实话,我的鞋子是谁踢出去的,你在后面肯定看见。宏宝一怔,硬是挤出一个笑来,呵呵,我怎么知道。小狗子转头看看我,我以为他来问我,可是他没有问。他知道我也是知情者,他不想让我为难。他又问宏宝一句,是哪个孙子养的把我的鞋踢出去的,你告诉我行吗。宏宝一脸无辜地说,我不知道,真的不知道。小狗子冷冷地说,不会是你吧。宏宝说,我可以保证,你的鞋子如果我碰过一点,我的脚趾今天夜里就烂掉。他伸手朝我一指,你问问他。宏宝要我证明。

我歪着脑袋看他,没吱声。宏宝见我不响,急了,你怎么不说话了,你不说,小狗子真以为是我干的,兄弟之间我会干这事吗,你说,我碰过那鞋子一根毛吗。我慢吞吞地说,碰,你倒是没碰。宏宝头一扭,那不就得了,我不但没碰,连一句话都没说,你可以去向任何人调查。他说得斩钉截铁,理直气壮。是的,他没有碰过鞋,也没有讲过一句话。可是这事就是由他挑头造成的。

宏宝算不上好汉。

小狗子没有再追究,事情就这么过去了。第二天他穿了一双崭新的球鞋来,一双胶底边嵌一圈蓝条线的漂亮球鞋。这种球鞋我只见过来檀园游玩的游客穿过。新球鞋在他脚上没几天,看上去就像穿过好几年了,鞋面沾上泥灰,一只鞋的鞋带也短了一截。我怀疑他是不是故意这样,让新鞋看起来不那么显眼。他的球鞋尺码明显比实际脚码要大一些,鞋趾前端瘪下去一点。这个可以理解,母亲给我买衣服都要大出一点,说我身体长得快,大点可以多穿一两年,甚至她还想能让弟弟穿一穿。其实没等到我的身体长到与衣裳相称,破旧之势已从领口、袖口、膝盖处蔓延开来,奶奶在考虑将它剪成一条条做拖把布条。

宏宝的目光从小狗子的新球鞋瞥过,又扫过自己的手工的灯芯绒布鞋,一声不吭。其他人看了也没什么反应。我出于某种说不清的心理,故意夸小狗子的新球鞋如何高级,说它在全镇都是数得上的高级球鞋。有人勉强挤出一点干笑，有的只当没听见，转过头说些别的不相干的事。小狗子却很不自在，两只穿新球鞋的脚局促地往一边躲，让我十分好笑。

宏宝和小狗子的关系说不清楚，别看他们厮混在一起，其实暗中有矛盾有较劲。宏宝是头儿，对小狗子不满表面上不敢流露，只要有机会就暗中捉弄他。我觉得他其实是很在乎小狗子的，遇到什么事，他总要观察一下小狗子的神情，有时两人闹意见，会让他几分。小狗子像一只独来独往有心思的小兽。

日子一天天过去，每一天看上去差不多，又觉得每一天都很不一样。黑板报好久没有更换内容，快六月份了，上面还写着迎接春天的文字。一天我看到吴林贵的空座位时才意识到，好多天没有看到吴林贵了。他本来跟大家接触不多，因此好多天没来上学也没引起注意。

他会有什么事。

我问他的同桌李红军。李红军跟我说，我怎么知道，没人派我看住他，他有事也不向我报告，再说我不喜欢管人家闲事。我冲了他一句，你不知道就不知道，说这么多屁话干啥。

又过了三天，吴林贵的座位还是空的。我毕竟是他的朋友，要关心一下，就去问李小琳。她瞪着眼，连你都不知道，吴林贵转校了。我一时有点蒙了，转学，干啥。李小琳说，去怀少小学了，你说干啥，去读书还去干啥，叫他教书他行吗，你真是，跟吴林贵还是好朋友呢，他这么大的事情都不告诉你一声。我对着她眨巴着眼睛。她说，瞧你还傻瞪着眼睛，人家到那儿都上了好几天学了。我的心脏像一颗沉重的铁砣往下坠，扯得内脏生疼。

我结结巴巴地问，他是怎么进怀少小学的。李小琳说，我哪知道，凭人家的本事，那女人的本事全镇的人都知道。我惊疑地问，那女人。她说，就是他的妈妈，路路通，云翔镇没有她办不成的事。随即她作出一个轻蔑的哼笑。

我马上意识到，他的转学跟我提供的消息有关。

那天的情形历历在目。他肯定利用了我的消息，马上采取行动。

我后悔至极，我只要跟父亲一说，在怀少上学的就是我，现在却因为迟疑不决而丢弃了。这个吴林贵太有心机了，怪不得他去怀少小学读书偷偷摸摸，一点不透口风。

吴林贵一直对民办小学不满，抱怨到这所破学校来。当然他妈妈是营业员，消息来源多，不排除他是通过其他渠道得到消息进去的。这样想我心宽一点。人家都说民办小学不是读书的，是把那些调皮孩子集中在一起有人管教，免得到社会上去闯祸。想想也是，这里哪节课不是吵吵嚷嚷，哪节课老师能不生气的，民办小学就是贫民小学，叫一百遍檀园小学也没用。从此吴林贵要高我一等了。别看吴林贵不声不响，好像万事不关心，其实可有心机，怪不得李小琳看不惯他。

这事没啥多说的，只能打落牙齿往肚子里咽，被人知道会笑话的。我尤其觉得对不住姚老师的一片好心。现在只好自我安慰，你看看，方老师这么有名的先进老师，她都来民办小学教书，而怀少小学据说是解放前一个安徽商人创办的，它不是真正的劳动人民学校。

劳动人民最光荣。

就在这儿安安心心地再读一年的书吧,怀少小学有什么了不起,校长讲过,读书全靠自己,还讲艰苦的环境才能真正锻炼人,才能出人才。我胸中升起一股浩然之气。

每次经过布店,我忍不住要看看楼上。窗台上一盆叶片肥厚而繁盛的植物累累垂下,呈现一小片瀑布样的状态。记得在他家玩的时候,时有麻雀在这些植物的花盆边沿上站着。吴林贵说这种植物的生命力很强,只要摘一段插进泥里,一两天就会成活。吴林贵转学了,想起在他家玩过的玩具枪、万花筒、糖纸折的花朵,种种情形在眼前回放,有一种既留恋又心酸的味道。有一次在街上,我看到吴林贵远远走来,这是他转学后第一次见到他,他应该也看到我了。我想跟他打个招呼聊几句,不在一个学校还可以是朋友,如果他摆出怀少学生高人一等的样子,我就要说他是檀园小学的叛徒,我还要告诉他,这次学校买了六只新足球,三只红的三只绿的,图书馆的书架上也新进了好多新书。

我加快脚步迎上去,不料,他的身影在一个胡同口一晃不见了。

他这是在躲避我。

我经常安慰自己,幸好没有去怀少小学,我们是所自由的学校,自由是天下最珍贵的东西。如果在怀少,我真会被逼着一天到晚读书,而且再努力也比不过那些书呆子们。

方老师又要提起"一对一"的事。墙上已经泛黄的责任表,一只角像狗耳朵一样耷拉了下来。没人感兴趣的事,不管开场如何风光,最后往往连样子也懒得做。教书本来就是老师的本分,让学生去干老师的活,还要老师干吗。

我跟小狗子在"一对一"的名义下让他抄作业，小狗子把它当成一种特权。后来他连抄都懒得抄，说是出钱让我帮他做，这种事我可不干。于是小狗子的作业经常不交，老师盯紧了，他就胡乱抄一点交上去。他写的字真像一群小螃蟹从纸面上爬过，神仙也认不出来。我想他跟班里好些同学一样学杂费都免掉的，因为不花钱读书他也不亏。

为了学杂费减免的事我还气闷过一阵。

开学的几天里就有同学到班主任那儿领表格，我起先没在意，后来才知道，那是一张申请表，有的免学费，有的还可以免书杂费。我才知道，原来好多同学读书是不花钱的，甚至连课本和练习簿都是白送的。开学前父母把学费数给我时说，你看看又要付学费了，不好好读，这些钱就等于白白丢进蕰藻浜。蕰藻浜是云翔镇的一条河。

让我不服的是，那些免学杂费的同学有的比我有钱，棚户区的基本都是免费的，农村同学也有好多个，有全免，有半免的。其实他们并不穷，他们书包里，随季节变化，都藏着喷香的烘山芋、脆甜的黄瓜、焦黄的烤玉米和青皮萝卜，有的还有煮鸡蛋、荠菜煎饼和甜芦粟。对我来说，这简直是奢侈的。我几乎一文不名，难得弄到一点，那要冒多大风险。

这不公平。

我在想，檀园小学应该不缺钱，之所以图书、体育器材不如人家，是把钱用在这些免费的同学身上了。这钱应该是大家的。棚户区和农村同学享受免费可以理解，可是王苏金也半免了学费，他凭什么，他家客厅里的八仙桌就像红木的，他母亲那摇晃的躺椅也很高级。我决定要争取我自己的那一份。再三思考之下,我走进教师办公室,方老师抬头看着我,我低声说,我想领一份申请免学费的表格。方老师没有听明白似的,朝我眨巴着眼睛,我把这句话重复了一遍。方老师拉开抽屉,翻出一张表格给我说,要如实填写,下面要家长签字。我将表格叠好放进口袋走出办公室,舒了一口气。我懊恼的是,这事知道得太晚了,现在才办,已经浪费了多少钱。

我看了看表格,内容有家庭人口、父母亲工作单位、职务、工资收入、单位证明、签名盖章等等,有些我可以填写,有些我没法填写,只能请父母填写。我乐滋滋地想,这件事如果办成,父母应该给我一点钱作奖励。回家我把表格递给父亲说,这是方老师要我回来让家长填写的。父亲将表格仔细看了一遍问,是方老师叫填写的吗。我迟疑了一下说,是的。父亲又扫了一眼表格,搁在一边说,我知道了。我说,只要填表就能免掉学费,好多同学都填了。父亲说,我知道,放在这儿吧。我不懂父亲的意思,他是不是要放弃。父亲不签字,它是无效的。表格在父亲的床头搁了两天,后来不见了。

我私下问一个免掉学费的同学,才知道他父母都是临时工,家里有兄弟姐妹六个。免学费是有条件的,我们班还有个女生叫吴九妹,她是姐妹第九个,而她家只有父亲在工作,母亲在家做家务。我再了解了一下,才知道,每一家都是有困难的。就拿王苏金来说,据说他父亲早就死了,母亲身体不好在家休息,所以照顾他哥哥到厂里去上班。

幸好没有将表格交掉,否则真要出洋相了。

宏宝他们在议论铁路上发生的一起事故，一列北方来的火车，将农民的一头牛撞死了。宏宝说他是亲眼看到的，小狗子说他当时在场，但他们又否认对方在场。事故的真实性我不怀疑，因为镇上也有人在说这件事，这几天他们一有空就为了这事，你一句我一句争论。

综合各方听下来，事情大致如此。

放牛的老头是生产队长的父亲，耕牛被撞死了是大事。出事第二天警车开进村，警察把老头铐走了。一头耕牛等于一台拖拉机。那天放牛时，老头躺在斜坡上晒着软和的太阳，晒着晒着太软和，就像裹在暖暖的棉被里，睡着了。而耕牛在路基下的草地上吃草。路基下的草地，青草长得茂盛和肥嫩，别说一头牛，就是来一群牛也吃不了。这头耕牛吃饱了，农活刚刚忙过，它在休养调息，心情悠闲，东张西望，对高高的路基产生了好奇，产生了上去看看的欲望，就这样它不知怎的爬了上去，站在铁路上，像个勇者昂然远眺。

一列火车拉着原煤隆隆开来，司机没注意一头耕牛站在前面的铁轨上。问题是耕牛看到了飞驰而来的火车并不惊慌。它觉得没必要惊慌，耕牛是农民的宝贝，在乡村的大道小路，从来都是大摇大摆地走，从来没有为别人让路的。它以为火车会让路的。

火车直奔而来。有人发现情况，大声呼叫，火车司机也发现了，汽笛连吼，刹车闸嘎嘎。耕牛这才怒目圆瞪、前腿撑起后腿蹬紧，低下头，将两只犄角迎向火车头。

耕牛被撞飞在十多米外，整个身子松塌着，几乎没流什么血。但是坚硬的犄角撞碎了，一部分沾在碎裂的脑壳上，一部分散落在地上。

队长的父亲至少要坐五年牢。

班里一个姓林的肤色黝黑的女生,她外婆家就是老头那个村的,她跟老头还多少沾一点亲戚关系。

链接一:

火车通过信号所时,窗外已经黑沉沉了。在窗玻璃上流动的景色一消失,镜子也就完全失去了吸引力,尽管叶子那张美丽的脸依然映在窗上,而且表情还是那么温柔,然而岛村却发现她对别人似乎特别冷漠,他也就不想去揩拭那面变得模糊不清的镜子了。

川端康成《雪国》

链接二:

每一辆绿皮火车都是资深怀乡病患者。它过山腰,过桥梁,过田野,过村庄,过河流,过小镇,奔向南方温暖的田园以及北国寒冷的故乡。它一路向北,一路往西,向母亲的泪眼婆娑的年关走,往父亲患风湿病的膝盖前走。

它是风尘仆仆的流浪者。它前脚追着后脚,随时给快车让出轨道。它晚点,它土气,它像你一样外表寒酸,像你一样风里雨里。它讨好每一盏红灯,对绿灯心存感激。它在每一个弯道痛苦摇摆,又在下一个直道志得意满、粗声大气……

它们一定会到达你的那一站。你看到它们在每一个偏远的小站喘息,你看到铁轨咬住它,就像生活咬住你。从年头到年尾,你可能会有种种的不顺利,你虽然焦急,但你明白,日子终会抵达你要的那一刻。

周云蓬《终会到达你的那一站》

链接三:

火车站里虽然冷清空旷,宛若荒野,但铁轨却是成双成对地麻花样在夜里扭着摆着,每两股火车道间砌下的站台,都是水泥石礅垒制的,破损的边沿,如乡村田地陷塌了的埂。有一股机油的味道,浓烈亲切地从那道轨线上弥上来,漫在站台上……

阎连科《我与父辈》

第十四章
一道黑影嗖地掠过，拳尖擦着我的脸颊，
划出一条冰凉又火烫的线

小瑾似乎突然消失了，她再也没有出现在照相馆前。据我所知，她在学校里，每天依然往返于火车站和学校之间。我喜欢看到她笑的样子、她说话的样子、她皱眉头的样子，看她经常穿的那件淡蓝色底子缀着金黄小花的衣裳，很像桂花糖纸的图案。小瑾是裹在棉布里的一枚糖果，甜甜的，散发着桂花的清香。对她是什么铁路帮的压寨夫人的闲话，我是打问号的，甚至是打着愤怒的感叹号的。

她跟他们住一起的，难免有来往。

一些场景经常在我安静下来时跳出来，在眼前慢慢回放。去年初春，在看小人书时，小瑾笑眯眯地说，给你看一样东西。我说什么东西。她神秘兮兮地拿出一只绿色的塑料皮夹，我探过头去，她调皮地一合说，你不许偷看。我已经窥见皮夹里有一角钱。她想了一想又说，我不想给你看了。我生气地说，什么呀刚刚说给我看，一会儿又变卦了，不看算了。她说给你看你可不许笑。我说，好的，坚决不笑。她打开皮夹，从夹缝里摸出一张四面是波纹的照片。我问，一张照片有什么呀。她托在掌心里在我眼前一晃。我说，哟，是你的相片。我要拿过来看，她不给，而是摊

在自己手掌里让我瞧。我定睛一看，照片上的小瑾好清纯，微侧着脸，冲着镜头笑得山花灿烂。那笑容让我的心脏像握紧的小拳头击打，怦怦怦怦整个胸脯都有震感。她说，上个星期拍的，怎么样，是不是像个傻瓜。她盯着我的眼睛。我故意冷静地说，简直是非常非常那个的……她问，那个什么，你说下去。我说那个就是……我笑而不语。她推着我说，你说，一定要说出来。我说，美丽，非常美丽。她说你作文写得那么好，只会用这么平常的词形容。我说美丽是一个顶级的词，什么娇艳、妖媚、秀丽都是有缺陷的，美丽是最好的，因为人们太滥用，就把它用平常了。小瑾嗔怪道，你真的很会说话。她漾起羞涩而满意的笑容。其实我认为最恰当的词是，可爱。这个词小瑾可能会不太乐意，因为所有的小女孩都可以说是可爱的，它不如美丽那么亮艳，其实它最接近小瑾身上的气息，亲近而微馨。她这才把照片让我拿着。这张照片照得真好，把她最好的神态照出来了。这样的照片会让你看了走神，心窝会像流入金色的蜜。我说，这张给我了。小瑾一愣，伸手将照片抽走，晃着乌发飞扬的脑袋笑着说，唔，不行不——行。她将第二个不字拉得长长的，像唱歌一样有旋律起伏，像是在为自己的拒绝而骄傲。我笑了，我提这要求本来也不抱希望，她真答应了我反倒会意外。一张女孩的照片我藏哪儿，带在身边绝对会带来麻烦。我故作赌气地说，不给算了，我看过就等于印在脑子里了。小瑾将照片塞进皮夹里，叹息说，我的脑子像你这样就好了，课堂上的东西都记牢，什么都不怕了。我半真半假地叹息道，唉，我有你一半的美丽就好了。她说，形容你们男生是不说美丽的。我又叹息一声，是的，如果我有你一半美丽，就是个雌雄同体的妖人。她哈哈大笑,那太吓人了,我可不敢跟你好了。她这句话让我全身暖流涌动,跟我好,她就是这么说的。我望着她的脸庞笑了,此时的小瑾宛若天仙,无法形容,将美丽加上可爱再搭上娇艳,所有赞美的词全部用上还紧巴巴。

我要能见到小瑾就好了。我上学,一天坐在课堂里,她读书,在她的中学里,两个学校的距离起码要走十五分钟,她好久没去书摊那儿,她会遇上什么事吗,我能帮上忙吗。她太单纯,我可以帮她识别好人坏人,什么是好人什么是坏人,对什么人要心存敬意,对什么人要退避三舍,这些我有经验。这是我从书上看来的,我看下来,所有的书都是在讲好人和坏人的故事。小瑾虽然比我大几岁,但女孩子单纯、天真,容易上当受骗。我不能让她被坏人蒙骗和欺负。

关于说她是什么压寨夫人的事,只要遇到她聊一聊,就什么都明白了。

好不容易有一天老师有事提早一节课放学。我赶紧赶到香花桥堍下,那是小瑾回家的必经之路。我要以守株待兔的精神守在那儿,直到她出现,跟她见一面,跟她聊几句。

为了不让人注意,我钻进一家杂货店,假装看柜台里的商品,不时回头朝大街上张望。小瑾的模样在我的记忆里有点模糊,这种模糊却透着更加强的诱惑,像被淡淡云彩掩映的朝阳,被轻轻晨雾笼住的荷花。店里的挂钟告诉我,离中学放学还有五分钟。

胖胖的女店员盯着我看,问,你要买什么。我摇摇头。我一分钱也没有,否则我肯定会买点。一直装着看商品,很不自在。胖女人脸色冷淡,转身走到另一边。

大街上陆陆续续有中学生走过，几个学生走进店里，看了看又出去，又进来几个。胖女人下逐客令了，人家来买东西了，你不买让开点。我想我是应该出去了。门旁的烤海棠糕的摊子，五六个人在耐心等待。我受不了它的诱惑，离它尽量远点。

这时我听到前方传来一阵阵铃声，一看是铁路帮一伙六七个推着几辆自行车来了。我一眼看到小瑾就在其中，她的旁边是推着自行车的大宋。他们有说有笑，随意地按着铃。我心里发沉，堵堵的。小瑾说笑着，不时扭头看大宋，好像在欣赏他脸上几颗青春痘，还不时发出咯咯笑声。

笑声还是那么清亮，却像碎玻璃一样硌痛我的心。

他们越来越近，我决定不躲避，站在路边，面对他们。街边来往行人并不多，我站在街沿外面突出的位置，让小瑾看到。我冷眼观察小瑾，她的一笑一颦，她的一举一动，她还是那样漂亮，但又有些细微的变化，好像更成熟一点，更俏丽一点，这让我心怯了。意味着她与我的距离渐渐远了。她衣衫下突起的胸脯，随着她步跃显眼地跳动着。

还有她的头发有点鬈曲。她的头发本来是顺直、黑亮的。好些女人喜欢将头发烫得鬈曲，我看不出有什么好看。小瑾准是学那些女人，用火钳烫过了，她不敢烫得太鬈曲，只在刘海和辫梢上烫了。她穿着紧身的绿衣衫，裤子的裤管窄窄地裹着腿。那些到檀园来的时髦青年也有这样穿的。把自己裹成这样舒服吗，蹲也蹲不下，弄不好会把裤裆的线脚崩开。她怎么会这样的，原来那样不是很好吗。

街上走动的多是学生。但书摊前的凳子都空着，老头为了掩饰生意清淡，在整理着书箱，作出收摊的架势。

小瑾走近了，我在想她也许发现不了我在路边，没想到她转过脸正好看到我，我的目光与她一下子对上了。我觉得脸上轰地一涨。她微微一愣，嘴唇翕动了一下。我望着她，想听她说什么。可是她没说什么，将头又转了过去，默然走了几步，抬头又跟大宋他们说笑起来，就像没有见过我这个人一样。

她连招呼都没有打一声。

我望着她的背影，她始终没有回过头。我感觉整个大街上空落落的，只剩下我孤单的一个人。看来吴林贵说得没错。小瑾变了，我们的友情她竟这么淡漠地揭过去了，连吵一声嘴也没有地过去了。

站在街边的我肯定像个傻瓜，在小瑾眼里只是一个无聊的男孩，我在她的眼睛里看不到一点暖意。

只有一瞬的欲言而止。

他们几辆自行车上了桥，顺着下坡的冲势，一个个飞快地跳上车。大宋的自行车滑行下去，小瑾扶着车后座，小跑几步一跃而上。大宋的车把稍稍一晃，小瑾坐后座上开心地笑着，笑声传出很远。我想起那些侧身坐在毛驴上的小媳妇。我想追上去看看，她的手是不是搭在大宋的背上和腰上，以此看出他们是什么关系。

可我一动不动。

我不知道自己是怎么回家的，一路上思绪紊乱。我在想，她看到我没反应，从好的方面想，也许是为了保护我，怕会招来大宋他们对我的麻烦。其实我跟她没有什么避人的，当然她也是保护自己。不管怎么说，我们的友情已经干涸了。街上行人少了，路边的铺子和饭店里阵阵喧响，空气中弥漫着诱人的酒菜香味。

我想起了一些故事里的坏女人，还想到了许多平时不用的词汇，譬如水性杨花呵，朝三暮四呵，忘恩负义呵，譬如轻佻、轻薄、轻浮、风骚、风流等等，她哪是美丽呵，好听点是俏丽，难听点就是妖艳。我把她想得越坏心里才越是好受。最不能接受的是，她看见我时，连一点笑意也没有，对一个陌生人也不至于如此冷漠吧。

我想起小瑾和我一起看连环画，给我看她照片的情景，她的一颦一笑，一举一动，不由心扉痛彻。我现在明白问她要照片，她为什么拒绝，她给我看照片只是为了满足虚荣心，为了证实照片里的她漂亮，然后她把它赠送给大宋。她心里只有那个小流氓大宋。单纯可爱的小瑾，突然变成一个不堪的轻浮女人。我胸中蹿出一簇簇青蓝色的嫉恨之火，那些与她相关的零星回忆就像干柴，不停丢进去，噼噼啪啪地助推着火力，爆燃着。

我梦游一样飘忽，路上有人跟我打招呼，我只是下意识地回应。一踏进家门就听到奶奶数落，人家孩子一放学就回家，还帮大人做事，你不知道野到哪里去，什么时候了你才回来，你真把家里当作食堂和栈房了。我懒得解释和回应。父亲这几天在县党校培训，晚上住那儿，妈妈本来就不回家吃晚饭。弟弟不顾别人，趴在桌子上已经开吃。我说，一点规矩也没有。他说，要不是等你，我和奶奶早吃好了。我一看台钟，六点多了。我自知理亏就不吭声了。

心情差，什么也不想做，早早上床，胡乱翻翻书，其实也看不进去。奶奶过来问我要不要体温表量量，不舒服的话吃一点阿司匹林。我连连摆手说不要不要真的不要。奶奶对医学一窍不通，她只知道一种药叫阿司匹林，不管什么人什么不舒服，都让吃阿司匹林。为了怕她再唠叨也为了排遣一下不好的心情，我在床上做了十六个仰卧起坐，奶奶说，你这么折腾，这床都要散架了。

我尽量不去想小瑾的事，但是夜深了脑子还清醒着。我看着高高的房梁，月光从一侧的天窗射进来，在横梁和斜梁的夹角处有一片巴掌大的蜘蛛网。这片蜘蛛网白天是看不见的，否则奶奶无论如何会把它清除掉。她每隔十天半月就在长竹竿上绑个小笤帚，费劲地在房顶上打扫，除掉每一丝她所能发现的东西。这片蜘蛛网实在太高，角度也是原因，它一次次躲过劫难。此刻它在微弱的月光下呈现出来，那么清晰，闪烁着轻盈致密的荧光，像海水深处一朵静静浮起的伞状水母。我宛如仰面在深深的海底，看着水母升起、降下，接着消失在黑暗里。接下来眼前似梦非梦地出现了一幅场景，小瑾笑吟吟地坐在自行车后座上，她一扬手露出手腕上曾经让我心动的鲜红橡皮筋，现在它却灼疼了我的心。大宋晃着身子蹬踏，一路上吆喝，让开让开。我闭上眼睛，闭上眼睛也躲不开这个场景。我故意大摇大摆走到街中央，迎着大宋的自行车。我一点也不害怕，内心涌动着巨大的力量，有一种战胜一切敌人的勇气。大宋冲着我嚷道，怎么搞的，我老远就按铃了，你聋了吗。我睥睨而立。我感觉到小瑾带有恳求的目光，我没有理会。大宋说，好狗不挡路。我说，请把你的嘴巴擦擦干净，最好用马桶刷子刷干净再说话。小瑾脸上闪过一丝惊恐，她死死扯住大宋的衣角。大宋的脸色涨成了猪肝，他一挥手，不知哪儿冒出四个人围了上来。说实话我一点恐惧心理都没有，我要看看小瑾有什么表现。小瑾站了出来说，你们不要动他，他是我朋友，你们要打打我好了。我眼中的一汪热泪差点夺眶而出，没想到关键时刻小瑾会这么有情义，有你小瑾这句话，我就是拼个鱼死网破也值得。

小瑾的话无疑激怒了大宋，等于火上浇了油，他挥拳朝我的脸上打来。我往边上一闪，一道黑影嗖地掠过，拳尖擦着我的脸颊，划出一条冰凉又火烫的线。我用手掌一抹，还好，没有血迹。旁边几个家伙也蜂拥而上，我张开双臂身子微蹲，来了一个扫堂腿，他们稀里哗啦倒在地上。大宋跟跄退后好几步，狠狠盯着我。我这招是从武侠连环画《铁腿奇侠》中看来的，书里的主人公用这一招扫平一个市镇的恶人。这一招还真管用，所以要多看书。怎么样，有种上来呵，来呵。我嘿嘿笑着说。大宋嚎地一吼冲上来，我收起两掌朝他一推，这一掌是从丹田储存的一股气，通过胸膛，再通过两臂发出去，具有内在的功力。我掌心没有碰到他，他像遇到一股超强电流，退出五六米远，捂着胸口喔喔叫。这一招是我跟宏宝、小狗子一帮朋友一起研究出来的功法。大宋什么时候吃过这亏，他恼羞成怒，大叫一声，弟兄们，上。喽啰们抄扫帚、拿短尺、握小刀片地围了上来。形势严峻，这时我听到有人喊我，回头看，是宏宝、小狗子、秦玉林等五个人来了。我说，你们来，帮个小忙。那些家伙一看，棚户帮来了这么多人，他们在火车站有过几次争斗，虽然铁路帮人高马大，但是棚户帮的特点是跟你玩命，铁路帮毕竟是娇生惯养的，没有舍命一搏的魄力。大宋见势不妙，抱拳对宏宝打招呼，兄弟，我不知道他是你们一起的。宏宝说，不怪你，不打不相识，我这位兄弟也是江湖中人，你想必领教了。大宋无言,他和他的手下呆立在一边。小瑾钦佩地看着我,想必她才知道我有这般拳脚,她原先以为我只是一个光会读书的文弱书生。我宽容说,你还是跟大宋吧,我是一个没用的人。她泪眼盈盈地看着我。我还想说几句绝情的话,可是不忍心说出口,她已痛悔不已,不要再让她痛苦了。要允许同志犯错误,何况小瑾本来就是一个天真单纯的女孩,她是被大宋表面上的不可一世所迷惑。我决定原谅她。

我拎起大宋的自行车说,这车我借用了。他们呆立着,谁也不敢吱声。我跨上它骑了起来,回头对小瑾说,还不快上来。小瑾羞怯地低着头,嗯了一声走来,我按了一下车铃,她快步跟上,一跃跳到我的后座上。她在我身后嘀咕了一句,我不知道你有这么高强的武艺。我嗯了一声,没有回答。她要知道,会咬人的狗不叫,真正的高人是深藏不露的。肤浅的人只看事物的表面。我问,我们到哪儿去。她低声说,随便,听你的。我说,我们去编组站吧,那儿清静些。她说,好的。我说,那儿有一节空车厢。她说,那也是我的地盘。我说,你是不是跟大宋一起去玩的。她缄默了许久说,我不太喜欢跟他们玩,没意思。我心里一宽,岔开话题说,那个车厢我在里面住过夜。她说,是吗,肯定很有意思。

我完全进入了自己的想象,为想象中自己的功力和气概感动。台钟当当当敲起来,敲了十下或者十一下。钟声打断了我的遐想,回到令人深感沮丧的现实。

那个半梦半醒的场景永远延续下去多好呵。

天窗里的月光暗了,天花板昏蒙蒙的,好像没有调好镜头的幕布。我内心从那火热的亢奋降到冷寂的冰点。我后悔小时候没有找师父学一身武艺，如果现在谁给我一身能镇住火车帮那帮人的武功，我愿意付出任何代价。我清楚，我不是大宋的对手，不用大宋，他手下任何一个喽啰都能对付我。即使我们棚户区的同学在场，他们未必一定会拔刀相助。

现实就是这样让人伤感和无奈。还是尽量忘了吧。

课间休息时，我有一个发现，教师办公室姚老师的位子上坐着一个头发溜光、戴眼镜的年轻人，在翻看桌上的书籍。他是谁，怎么随便乱翻姚老师的东西。而校长和其他老师在一旁忙自己的事。我第一个想法是，这人会不会是姚老师的男朋友。可是姚老师应该不会把男朋友带进学校，被学生们看到评头论足，甚至可能被起个粘在身上，一辈子别想甩掉的外号。他是谁呢。算了，不浪费脑细胞了。

课上方老师教课文《手拍胸膛想一想》，这是一行一行分开排列的文章，老师叫它诗歌。我本来不喜欢诗歌，觉得它拿腔作调，可是这篇东西有点意思，它用老汉的口气，批评一个想要退出合作社的青年人。方老师先帮我们消灭了生字，解释了词组，然后带我们朗读。我们读着读着故意用很沧桑的粗嗓门：树老根多，人老话多，莫嫌我老汉，说话啰嗦……你钱大气粗腰杆壮，又有骡马又有羊，入社好像吃了亏，穷人沾了你的光……你手拍胸膛想一想，难道人心喂了狼……

谁都想做老汉，好像在辈分上占了便宜，因此读课文时为了使自己听上去更像老汉，使劲压低嗓子，弄得像一群老水牛在吼，整个教室像一口大缸，声音嗡嗡嗡的。大家这么自觉地进入情景角色，方老师没有理由批评。有个女同学忍不住扑哧笑了，方老师瞪了她一眼。

方老师提问，为什么老汉要批评年轻人。大家七嘴八舌回答，他要退出合作社。有的说，他家里有骡子有马，有的说，他忘本了，有的说，他觉得入社吃亏了。方老师说，你们都说得很好，归根结底，他是不相信合作社，不相信社会主义，是缺乏信仰。方老师语重心长地说，同学们啊，一个人有没有信仰很重要，没有信仰跟课文里的年轻人一样，一天到晚为自己的事情考虑，只想着如何省力一点，钱多一点，日子舒服一点，那跟动物有什么两样。你们说是不是。

是。应和声像一阵小风过树林，稀里哗啦的。

方老师目光坚定地说，这是一个信仰问题。她说，我是一个老师，一个普通的老师，我有没有信仰，当然有。我的信仰就是教好每一个同学。这个讲台就是我的战斗岗位，我手中的这支粉笔就是我的武器，我的任务就是要守好这个阵地。你们父母大多是工人农民，你们是劳动人民的后代，我的信仰就是要让你们好好受教育，成为一个对国家有用的人。这就是我的信仰。如果我离开这个岗位，那我就是逃兵，就是一个放弃信仰的人。

一说到劳动人民，我心里忐忑，吃不准自己究竟是不是属于方老师讲的劳动人民后代。我父亲是供销社的人事干部，母亲虽然在工厂，但坐办公室。方老师是要培养工人农民的子女，像我这样的学生是不是呢，我困惑着。想到前一阵方老师的态度，我心里沉甸甸的。

方老师还在讲，脸颊涨红，眸子发亮，拿着粉笔的手挥动着。

方老师很少这样亢奋，这亢奋里掩藏着她某种不开心。她说，我们民办小学条件是不如怀少小学和镇中心小学，连粉笔都要省着用，但我们有优势，我们劳动人民子女多，吃苦耐劳精神足，我喜欢我们的学校，不管别人选择什么样的道路，一点也不会影响我，我坚持在这里当好我的教师。这个讲台永远是我的岗位。方老师讲得眼眶里一闪一闪，她被自己的这番话感动了。她停了下来，看看讲台上的课本，仿佛突然发现自己走题了。方老师很少离开课文跑题跑得那么远，今天一口气讲了这么多。她抬起手腕看看表说，还有一点时间，大家把《手拍胸膛想一想》默读两遍。她脸色凝重地走到窗前。当我读到第二遍结束，下课铃恰好响。方老师时间算得真准。

走出教室，我看到那个头发溜光的年轻人，从二年级教室里出来。一些小女生像看稀罕物似的跟着，年轻人一脸窘相。王苏金走过来说，姓姚的女人调走了，嘿嘿，她把你也丢下了。我一愣，这神情被他捕捉到了。他得意起来，没有想到吧，嘿嘿。我淡淡地说，老师调来调去很正常。他说，她不当老师了，她走门道，进立新化工厂了。我哼哼一笑。他说你别不信，喏，那个女里女气的男的就是来顶替她的。

王苏金这家伙消息确实灵敏，那个头发溜光的年轻人是顶替姚老师的，他就坐在姚老师原来的位子上办公。

姚老师走了，不声不响地走了。

方老师在课堂上发表的一通信仰的议论，是不是与姚老师调走有关，否则怎么会突然讲到坚守岗位，不当逃兵……

姚老师是逃兵吗，是没有信仰的人吗。我知道逃兵是可耻的，战场上的逃兵是要被枪毙的。姚老师不像逃兵，她只是长得秀气又爱打扮，好多故事里，秀气的人和爱漂亮的人都比较软弱，都不够坚定。如果姚老师本来不喜欢当老师，也无所谓，如果她真到工厂去当工人，她就是真正的劳动人民，怎么是逃兵呢。方老师的话究竟应该怎么理解呢。

对姚老师的离开我有些惆怅，又有些释然。如果别人对我特别关心，我会感觉别扭的。真的很矛盾，别人不在乎你，你会感到委屈和愤懑，想用各种方式来证明自己，别人关注你了你又想逃避。

走过办公室窗前再看不到姚老师，一开始真不习惯。一段时间后，那个年轻老师头发开始蓬乱了，他没心思也没必要弄得溜光，梳着一头溜光水亮的头发在一群衣衫不整的学生中间，看着不相称。后来知道，他也姓姚，我忽发奇想他会不会是女姚老师的堂弟什么的，为抵偿堂姐的逃兵行为而来。哈哈，完全是不着边际的乱想。

后来听说姚老师是到立新化工厂当了检验员，她的男朋友是厂里的电工，电工是厂里最吃香的，有技术又省力。听说男朋友的父亲是县农业局办公室主任，通过关系把姚老师调进厂里。化工厂在镇的西北方向，由一排篱笆墙围起两间大厂房和一幢小楼，厂区周围弥漫着一股烂桃子气味。人们都说姚老师交了天大的好运。我没觉得有啥好，我不了解化工厂检验员的工作，反正那股烂桃子气味我就受不了。

第二年深秋的一个黄昏，我在街上遇见了姚老师。我从小胡同出来，一眼认出在二十多米前的她，她变了，身体微胖，失去了先前的那种精致。她步履蹒跚，好像怀上孩子了。她身边有个嗑着瓜子东张西望的男人，也许是嗑瓜子的缘故，他的嘴显得特别小，下巴也尖尖的。应该是那个电工，她的丈夫吧。我脑子有两个词实在摁不住跳了出来：贼眉鼠眼和尖嘴猴腮。我很失望。想象中姚老师的丈夫应该是高大、英气、威武，不是这副样子的。我想走上去叫一声姚老师，踌躇再三，还是没有上去，我怕她会尴尬，毕竟她不当老师了，况且旁边有这么一个贼眉鼠眼和尖嘴猴腮的丈夫。

也许我想多了。

姚老师在工厂里会开心吗，在那气味难闻的车间里，她不能穿亮丽的服装，也不能对着产品微笑。如果她还当老师，嫁给一个中学教师，她的生活究竟哪一种更好，谁也说不清楚。

而小瑾，我要费劲拔力地把她从我的心里赶出去，棒打脚踢刀劈斧砍都行，疼痛是难免的，不赶走也是痛。

链接一：

火车把你运走，把我留下来

在这个提速的时代，我的心依旧缓慢

这个拖着十几个大箱子的怪物

提着马灯，喘着粗气

有着像蜈蚣的脚那么多的小轮子

火车把你运走，没有一丁点商量的余地

我没有足够的马力阻止车轮前进

眼睁睁地看着它越来越远，一路向南
身体里的光线越来越暗

火车把你带走
把我的一辈子留了下来
我一生只活那么几天
其余时光就像火车开走之后剩下来的
空站台

路也《火车》

链接二：

临近周末的日子，在白天的不同时刻，偶尔能看到一群群人在十字路口等火车。谁也说不准火车到底来不来，或者如果来了会停靠在哪里。于是，人们只好分在两个不同的地方候车，永远无法对火车究竟停在哪里取得一致意见。一群黑黢黢、静悄悄的人影站在勉强能看见的铁轨旁边，长时间地等候，总是带着焦急张望的表情。只能看到脸的侧面，像一排剪纸的人像。

布鲁诺·舒尔茨《鳄鱼街》

第十五章
窗外的站台好像装上了滑轮，
平缓无声地往后移，接着是花园、树木、房屋……

我跟宏宝越来越合不来。他变了，尤其是当副班长后，连原先的那点侠义都流失了，让我不可接受的是，他竟然还出拳打了同学黑蛋子。

这让我怀疑起他的品性。

方老师在上周宣布宏宝为副班长。宏宝本来是劳动委员，劳动处处带头卖力，他升到副班长我们没有意见。一当上副班长，宏宝的脸都紧绷着，其实他心里是得意的。读书他没办法赶上去，为班级集体做事他数第一。不管怎样也是第一，方老师没少表扬他。江湖上关于他的传说看来永远只是传说。跟他相处这些年，我太清楚了。让我没想到的是，这个副班长他亮出拳脚了，不是对那些帮派，不是对那些小混混，而是对自己同学。

星期三下午最后一节是唱歌课，唱歌课在其他学校是叫音乐课，在我们墙壁上课程表里却写着"唱"字，跟语文课写"语"字，算术课写"算"字一样。我们喜欢唱歌课，对体育课的喜欢我们是表现出来的，对唱歌课的喜欢我们是藏在心里的。在老师试风琴的一瞬间，我们就蠢蠢欲动，随着老师的领唱，我们的嗓子放开了，一发不可收地爆发了。我们不学什么乐理，也不学什么发声，不知道歌曲的创作背景，是什么人写的，我们就是跟老师学唱。每节课学唱一首新歌。先是老师领唱我们跟唱，然后分小组唱，分男女声唱，最后全班一齐唱。偶尔也会叫学生站起来独唱，老师喜欢叫娇滴滴的沈丽丽唱，我听不惯她的嗓音，太尖利，像一把锥子穿透你的耳膜，让你头发根根竖立。真受不了。全班一起合唱是最酣畅淋漓的事，在一片歌声掀起的激浪狂涛里，风琴前的老师就像坐着一叶起伏的小木舟，微笑着，轻晃着，她弹琴时脑袋的点动似乎是对这片声浪的赞许。唱完歌我们的身心有一种不可名状的轻松，好像封闭沉郁的屋子被歌潮冲开了门窗，爽快的风直灌进来，掀得窗帘哗啦啦响，空气中散发着绿叶、干草、池塘和泥土的清新气息。

我们没有专门的唱歌老师，姚老师教过三个学期，姚老师的风琴常常走调，有时候唱到一半琴声会卡住，那些音符在琴键上踟蹰不决、探头探脑、交头接耳，我们的歌声也卡在嗓子眼处，似停非停，想与那些缺乏自信的可怜的琴音对接，一时又对不上，如果琴声突然找到路了，自信了，流畅了，我们的歌声也对接上了。

现在教唱歌的是吕老师，别看个儿瘦小，风琴弹得特别流畅，她为我们伴奏，在默契相随的旋律下，常常弹出一串串华丽的装饰音，就像流淌的小河上突然掠过一片羽翼斑斓的鸟群，仿佛她是用华彩的伴奏为我们喝彩和加油，让我们有一种被尊重被抬举的感觉。在她的伴奏下，每个人都引吭高歌，心情完全舒展开。

听说她曾经在中学教过音乐课。毕竟不一样。

四个男同学兴高采烈地在把风琴抬进教室，这时方老师进来了,她示意把风琴抬出去,并通知说,唱歌课取消了。她说镇上举办迎国庆赛歌会,唱歌老师被请去当指导了。这节课全班到保洁区去搞卫生。

又要搞卫生。

大家泄了气,真没劲。方老师只当没听见,她继续说,我们的保洁区你们自己去看看,杂草丛生,你们难道不感到羞愧吗。方老师此言实在是夸大。我们隔天轮流去保洁区搞卫生,不可能那么脏,最多路面石缝冒出点青草。

大家都不吱声。

方老师说,宏宝你负责一下。说罢走了。

歌不唱也罢,还要搞卫生,大伙心情别提有多糟。可是谁敢抗命。大家懒洋洋地起身,有的去拿扫帚,有的从文具盒里取小刀,都慢吞吞的。每个人都清楚自己的任务,我拿着小刀跟同学们去挖青草。校门前那条碎石路是我们班保洁的。小狗子也跟来了,空着手什么也没拿。到了路上,大家散开选一块地方蹲下,用小刀剔除石缝里的小草。这条碎石路不足三十米,方老师要求没有一点杂物,包括废纸、落叶、泥块、杂草等,她说这是我们的脸面,它脏了就是我们的脸脏了。别的杂物好清除,就是除草难。今天除掉了,过两天它们又冒出来。俗话说,斩草须除根,光掐叶子除不了根,可草根伸进石块下,用小刀剜是剜不掉的,除非将石头翻挖起来,这样一来,整条路全都毁掉了。剜过草的刀刃卷了,没法削铅笔了。我想这些小草长在路上挺好的,根本没必要花这么大劲除掉。为这点小草,全班大半的兵力都放在上面。大家没精打采地,明知除不了根,只图将草叶割断,求个眼前干净。

什么最累人，干没意思的事最累人。

宏宝过来巡看两次，秦玉林随从一样跟着他。小狗子说，秦玉林你怎么不劳动。秦玉林说，你管不着，我听宏宝的安排。宏宝装着没有听见他们说话。他说，你们要挖得深，把草根挖掉，不能偷懒。秦玉林说，听见了吗，要挖得深一点。没人理他。宏宝知道这个要求是做不到的。小狗子说，谁能把这草挖得断了根，我把这草当场吃了。宏宝说，就你屁话多。他走到小狗子身后，踢了小狗子屁股一脚，小狗子往前一趴，回头看看宏宝，嘻嘻一笑。宏宝说，小狗子，你不要怪我踢你，我真想踹死你，你自己看看，你是不是在做表面文章，你在用手摘掉草叶，不是糊弄人吗。小狗子说道，用小刀剜一样是糊弄人。难怪小狗子空着手来，他连样子也懒得做。宏宝不想跟小狗子纠缠，便说，挖深一点，让它长得慢点，也是好的。说完他走了。他还要到别处去看。到处都忙着，有擦玻璃窗，有揩课桌和椅子，有扫地，有掸墙上灰尘。宏宝不在一个地方固定，他到处转悠，有时也动手，但在一处干两下就换一处，他东看西转，遇到需要用力气的活儿，他就亲自出手。

我移到小狗子旁边，小狗子用手摘着草叶。我说你翘起兰花指好妖。他不好意思地笑了，接着使劲扳起两块石头说，你看，石缝的草茎根延伸下去，与别处草根缠连着，在下面构成一个根茎的网络，我们有天大的本事也没法除掉草根。他将两块石头又按原位安好。我说，你发现这个情况为什么不说，害得我们都做无用功。他说，还是别说，说不定方老师一顶真，真叫我们整条石子路全都拆了。

小狗子真有心机。我说，我们来这儿白白浪费体力。小狗子说，除草是劳动锻炼，是提高思想，真把杂草除光不长了，我们不都成了懒虫。这家伙说得有道理。小狗子故意优雅地用大拇指和食指掐断一根草茎，另外三个手指高高翘起，做成兰花指，逗得我和旁边的同学乐了。是呵，先掐断草茎、摘断草叶，让路上一时看不到草，它愿意长，等长出来再说。

放学铃声响了。大家不约而同站了起来。宏宝又来了，他看看路边的战果，皱了皱眉头。他说，先别急着回家，除下来的草还没扫掉，还有，那边还有一些杂草，弄好了再走。我心里真是窝火，本来唱歌课换成劳动课也就算了，折腾到放学还不让我们走，校长也没他这样的。

大家站着不动，宏宝脸色沉了下来。

看在宏宝是老朋友的面子上，我说，那就再干会儿吧。大家都没反应，也没人反对。我说，快点干吧，早结束早回家。我这是在帮宏宝的忙。这时有人说，我家里有事要回家了。我一看是张玉才，外号叫黑蛋子。宏宝说，黑蛋子，就你屁事多。黑蛋子说，我外婆住在医院里，父母都去陪她，我出来两头猪忘了喂，不回去它们要饿死的。宏宝说，笑话，猪一天能饿死吗，三天也饿不死。大家哄地笑了。有的说饿死才好，到你家吃猪肉去。有的说，饿死的猪哪有肉，只有骨头架子。黑蛋子没理会大家的笑话，焦急地说，真不行，猪饿了要拱圈，我真得走了。说着就往外走。

大家起哄了，算了，明天再干，回家喽回家喽。好多同学家里都有家务要做。大家正要起身走,宏宝的脸绷不住了。我一看有点怕,想缓和一下,让大家再干五分钟也好,给宏宝下个台阶。我话还没出口,听见宏宝骂了一声他娘的,他一步抢到黑蛋子跟前,一把揪住黑蛋子的衣襟。黑蛋子没有准备,吓愣了,脸煞白。他本来人矮小,被人高马大的宏宝一提,就像拎个物件。他掰着宏宝手说,放开放开,衣服拉坏你要赔的。宏宝将腿往黑蛋子的身后一勾,揪他衣襟的手猛一推,黑蛋子往后腾空摔了出去,倒在数米远的地上。黑蛋子呜呜哭了。有人上去搀他,他捂着腰坐在地上,背上和衣袖上沾满了草屑。他抽抽噎噎哭得很伤心。

我们都被这突如其来的一幕吓着了,大家都一声不吭。秦玉林对黑蛋子说,谁让你偏要回家,看看有什么好处。我说,你少废话。他不吱声了。

宏宝拗着头,嘀咕着一些含含糊糊的话,意思是谁让你不听指挥,谁跑掉我都不客气。我看出他完全是一时情绪失控。我第一次看到他施展拳脚,这一招可以说干净利落,身手不凡,黑蛋子腾空而起,整个人往后飞去。如果这一招打的是铁路帮或者其他帮派的人,我会拍手叫好,可是他打的是黑蛋子,是自己同学。我胸闷。

方老师闻讯来了,她向旁边同学询问事件的经过。我想她应该批评宏宝,动手打人无论如何是错误的。方老师只是责备地看了一眼宏宝,对整个事件不作任何评说。她上前搀起黑蛋子,拍掉了他衣裳上的草屑,派两个同学带他去水龙头洗洗。黑蛋子止住哭,摇摇手说不用了,他挽起袖子察看手肘有没有受伤。看完了他说要回家,家里的猪真的饿了一天了。他说这话时我想笑,看看其他同学都沉着脸，我也笑不出来。宏宝歪着脑袋，一声不吭。方老师对大家说，大家回家吧。

我跟大家一起走了。

我走了十多步回头看，方老师在对宏宝说话，脸色不严厉。我观察下来方老师并不像外面说的公平公正。宏宝是我的好朋友，但他出手打了同学，方老师却连一句批评也没有，这不公平。

秦玉林还在等着宏宝，方老师挥手让他离开。

这件事让我对宏宝渐渐地疏远了。宏宝一连几天沉着脸，倒是像别人对不起他似的，大家也跟他保持距离。相反，黑蛋子成了讨人喜欢的人，大家常常拿他家的猪开玩笑，有事没事问一句，你家的猪怎么样了，是不是挨饿了，是不是拱圈了，一时竟成了与黑蛋子的问候语。大家还给他的两只猪起名字，叫小饿和小拱，再后来昵称为饿饿和拱拱，一问就是饿饿乖不乖，拱拱好不好。还说如果它们长大了卖掉，必须招呼大家一声，一起去送送行。这个话题竟然延续了小半年。

如今好多人都去火车站玩，我听说，有的学校组织高年级步行去火车站，在月台上排成一队，观看火车是怎样在当当的钟声里进站的，不靠站的火车是怎样呼啸而过的。可以想象，那些老师多么紧张，再三叮嘱安全事项，画一条安全线，不得越红线半步；可以想象，那些学生第一次看到火车时的兴奋和激动，巨大的响声怎样把女生吓得退后连连尖叫；可以想象，看完了火车，他们要为一篇六百字的关于火车站的命题作文而伤透脑筋。

我曾在一个夜里独自去过，那是不同寻常的经历。关于火车站种种耸人听闻的传说，现在看来有些是夸大的，有些得承认是有道理的，要去最好几个人结伴去，好有个照应。

农忙假来临了。家住农村的学生都回家干活了，班里只有稀稀拉拉十来个同学，个别住在镇上的学生也浑水摸鱼逃课。学校索性宣布放三天假。方老师宣布时，教室里发出喔的一阵轻轻欢呼。方老师马上补充说，"一对一"对方是农村的，另一方城镇的同学可以去帮助农忙，其他同学也可以自愿。她强调是自愿的，并说，对于城镇同学来说是一次锻炼的机会，体验劳动的辛苦和快乐。

小狗子家不是农户，我又可以趁机去一次火车站。

这天一早我对奶奶说，我要去同学家参加农忙，中午不回家吃午饭。弟弟连忙说，奶奶你别信他的，他要去火车站玩。我一瞪眼，胡说八道。我想给自己一个嘴巴，昨晚我一时激动跟他吹嘘要独自去闯火车站，还说要捡好东西给他，他答应了。都说得好好的，天一亮，他就翻脸告密。奶奶说，我管不了，你们想去哪儿就去哪儿。弟弟说，那我也要去。奶奶用针在头发上擦了擦，低下头纳起鞋底，没有答话。奶奶一生气，弟弟就不敢吱声。

我在袜子的脚踝处塞进一角钱，这是我近来省下的一笔积蓄，起先走路有些异感，走了一会儿异感消失了。我走一阵隔着袜子摸一摸，纸币与脚踝紧紧贴着，它给我一种安全感。

我走的是小狗子的近路，虽然狭窄曲折，要穿越村庄、田野和小河，但是近好多。我研究过，那条去火车站的石子路，其实绕了个大弯，而小狗子的小路是一条直线。

农忙时节，田野里是忙碌的农民，河里的船只来来往往，到处都是响起的机声和人声。农民看到我一定想，这个孩子一个劲地往南,是去哪里。南边只有铁路,越过铁路应该是田野和村庄。我加快脚步,绕过一个野河浜,越过一片开阔的田野,走过河边,我想起上次的水泥船和那只小灰蛙。水泥船不见了,它去参加农忙了吧。我想,如果船舱里有足够的积水,小青蛙也不可能活到现在。我见过干死的青蛙,一张硬邦邦的皮壳。仿佛为了回应我的想法,草丛里传来一阵青蛙的咕咕声。

奇怪的是,离铁路越来越近,竟没有听到火车的声音,是不是我走错了。我突然有些害怕。当我穿过一片鸟雀乱吵的竹林,站在一个长满浮萍的野河浜前,对面铁路路基出人意料地耸起在眼前,我彻底放心了。我冲上斜斜的路坡,一条条铁轨在我眼前舒缓地展开,有的弯弯地划着弧线,有的笔直伸展到远方。有个火车头在缓缓开动,喷着乳白的蒸汽,像踱步的巨兽。不远处一个火车头连着五节车厢,在倒着开,我不理解这是干什么。

我像一位攻克高地的将军,手叉在腰间,检阅着战场。我真有点出乎意料,今天感觉比小狗子上次带我的还要快。铁轨对面是一片开阔地,那儿应该有小石马的。它的模样我只有模糊的轮廓,细节已经漫漶不清。

火车缓慢来回,我从容地跨越一条条铁轨。当我跨过第六条铁轨时,五十米开外一个握着木棒的男子,指着我大声呵斥,我听不出他在说什么。我继续往前走。男子吼叫起来,左手拎着木棒,右手在摆动。他是在叫我立刻停下,不准往前走。我非常不解,为什么,你有什么权力不让我往前去。

他可不解释,凶狠地盯着我,还扬一下手里木棒。只要再穿过两道铁轨就能看到小石马了,看来那人是不肯让我通过的。我这才看到那人的左袖上戴着个黄色的袖章,上面的字看不清楚。

看来人家是在执行公务。那人又在示意我往回走。我大声问,为什么。他没有回答,走了过来,那架势好像要揍我。我不想不明不白地吃亏,只好转身退回去。在这空旷的地方,我单身一人,没处说理也没人帮我。看我往回走,那人也止步了。被这事一搅,我的好心情消失了。小石马看不成,算了,我郁闷地往火车站走去。

我一直不明白那人为什么不让我过去。

火车——从身边呼啸而过。有货车也有客车,它们都拖着长长的车厢或车皮。车轮碾过铁轨相接处,发出咯噔咯噔有节奏的响声。每列火车经过,我都要数数拖着多少节车厢和车皮。我发现每列火车都有不同之处,譬如有的在一长列车厢后面,挂着一节邮政车厢。邮车里应该是一包包白色大邮袋,还有大大小小的包裹,还有一摞摞的报纸杂志。我的课本、练习簿、课桌、凳子,它们或者在它们是原料时候都乘过火车。我想,如果一个人钻进大邮袋,用邮政火车送来送去,这人是应该付火车票,还是付邮递费,两种价格哪一个贵。

学校传达室窗口有时摆放着边框有一道道红蓝线的信封,信封左下方印着航空两个字。一张信封凭着这个印记就能坐飞机吗。那么火车运送的信件,是否也在信封上印一个记号,信封下方写上火运,不,铁运,或者索性印上一只火车头,那多有气派。

我跃上路基,在枕木上跳跃着,时刻当心火车的声音,火车一来往外闪也来得及。我唱起一首老早学的歌谣:

爷爷跑,胡子翘,

奶奶跑，哈哈笑，

姐姐跑，像飞鸟，

弟弟跑，摔倒了，

你要问我为啥跑为啥跑——

为啥跑呢，我自己问了自己一句，然后大声答唱，轰隆隆大火车开来了。这是我即兴改编的。原来歌词是，东方红拖拉机开来了。火车比拖拉机庞大，跑得更快，更有威势。

我刚唱完就听到身后传来一声长长的汽笛声，回头一看，远处一列火车飘着长长的白烟，在向这儿驶来，好像它是被我的歌声召唤来的。我连忙跳下了路基，别看火车还远着，如果是特快列车一眨眼就到。这可一点也不能含糊。

火车站楼上的窗口在闪闪发亮。站台上，几个人坐在地上抽烟，他们可能是在火车站干活的。那幢四层的米黄色家属楼让我想起了小瑾，既然她跟那帮流氓鬼混，就让她去堕落吧，自甘堕落的人早晚有吃苦的那一天。她此刻不会在家，放农忙假中学生是集体下乡参加劳动。

候车厅大门敞开着，里面没有旅客，只有三个小孩脑袋顶在一起，趴在地上玩拍方块纸片游戏。我在长椅上坐下，将袜子里的钱小心地取出来。当着营业员的面从袜子里掏钱，不雅观。一个孩子看到我从袜子里取钱，感到奇怪，一直盯着我看。我对他瞪了瞪眼，他才转过脸去，却不时偷偷看我。

小店门前有三个人，两人下棋，一人在观战。我径直来到柜台前。

三个人的谈话声传来。一个说，那儿到底是怎么回事呵，神秘兮兮，小路也封了，派了武装民兵把守。咦，你到底走哪一只，摸摸这只摸摸那只。

另一个说，我摸自己的棋不可以吗。听说北京来了几个专家，一下火车直奔挖掘现场。听说古墓有上千年了。咱搞不明白是唐朝还是汉朝，宝贝肯定不少。我跳马。

一个说，走好就不能再动，这是规矩。好的，我挺兵，卡你的马脚。唉，听说里面有的古董，一出手可以几年顿顿吃红烧肉。

另一个说，你没有古董也可以吃肉，你一家子全吃铁路饭，钱多得都花不掉了。这是炮口，你来送死吗。真是。

一个说，古墓的文物谁敢碰，弄不好要吃官司的，太平日子过过好了。听说民兵二十四小时守着，不能靠近，你看你，等等，我先将你一下。

不客气，跳相。

等等。我再看看。

不许悔棋。

接着传来棋子噼噼啪啪的声音，然后是哗啦啦倒棋的声音。

一个说，记着，算上这盘本周你已经输了六盘了。哪里，另一个说，你的脑子有问题，前天你输了怎么忘了，那天你被我剃了一盘光头，你真的忘了吗。

一个说，跟你说不清，输棋的人买香烟。

一个说，该收盘回家去了，家里烧好饭等着呢。

两个人嘀嘀咕咕走了。观战的老刘走进店里，看我还在柜台前。有饼干、糖糕、云片糕、麻饼，糖罐里有五颜六色的糖果，还有五六种蜜饯。什么都好，我在犹豫。看到泡泡糖让我想起了小瑾，我第一次见到她，她还教我和小狗子吐泡泡呢。权衡再三，我决定买两只枣泥馅的麻饼。

走出小店，我在车站的水龙头喝了几口水，我清晰地感觉到清水从口腔经过喉咙进入身体里，脑子瞬时清醒了许多。我到月台边的石阶上坐下，有滋有味地吃起香甜的麻饼。

我想起刚才小店门口下棋的人，说编组站的古墓，有武装民兵把守，还有北京专家什么的。发现一个古墓难道有这么重要吗，如果只有一些脏兮兮的瓶瓶罐罐，没什么意思，要是有金银财宝就有意思了。忽然我的脑子一亮，像夜里一道闪电划过，有些朦胧的东西清楚了。上午在编组站找小石马时，有个男人凶巴巴地不让我过去，现在想起来应该跟他们说的古墓有关，对，肯定是的。小石马也是跟古墓有关，也许有了小石马人们才发现古墓的。我明白了。小石马它被武装民兵看管起来了。我再也看不到它了，更不要说随便地摸它的头和屁股。小石马并不像一个历经沧桑的文物，它还透着一股新鲜的稚气。

一列拉着绿色车厢的火车喘着粗气缓缓进站，像我们刚刚跑完长跑，心脏怦怦跳，呼哧呼哧大喘气。

我赶紧把最后的一块饼往嘴里一推，走上前。一扇扇车窗闪过，各种各样朝外张望的脸。车厢上写着：北京—上海。两个地名神秘而诱人。北京我当然知道，一年级课本里就有天安门，它是首都，是人人向往的地方。至于大上海，谁都知道是好地方，不过我知道，没钱在那儿可一分钟也待不下去。列车停靠稳当。站台上的职工和列车上的职工打着招呼，没人注意我。我悄悄靠上去，朝靠近的一扇车窗里打量。

长途跋涉的火车要停靠一下，歇口气，加水，补充物品，有时也有人上下车。这庞大的钢铁铸造的家伙也会累的。旁边一扇车门开了，一个女列车员走下来，背对我朝前方大声招呼。她是不是遇到熟人了。我凑近车窗去，迎面是两只直愣愣的眼睛，吓了我一跳，这是一个中年男子，他对面也坐着一个男子。他们衣着和头发都丝缕笔挺，一看就是有身份的政府干部。无意中我的目光落到小桌的一盒香烟上，我一激动，这是我从未见到过的烟盒，淡绿色的烟盒上，有两只毛茸茸的动物，看不清是熊猫、豹子还是猴子。我第一反应是，熊猫牌。真是踏破铁鞋无觅处，竟在这儿遇上它。按那个菜场会计的话说，它可以换任意挑选的二十张珍稀香烟牌，或者换十元钱。十元钱，天哪，对于我这是一笔巨款。不能错过呵，错过真会后悔一辈子。

　　女列车员果然遇到熟人了，她跟一个女人拉着手聊天。我慢慢移到车门边，看看没人注意，一闪身上了车。扑面而来的是混杂着香烟、饭菜、热茶的热烘烘的气味。车厢里坐满了人，过道上堆放了行李，我跨过它们，走向目标，那只淡绿色的烟盒。

　　烟盒被捏瘪了一点，起伏不平。透过他们喷吐出来的烟雾，我发现烟盒上的不像熊猫，不仅不像大熊猫也不像小熊猫。我再仔细看，那是两只举着长臂的猴子，我听说过有长臂猴这种动物，可是没听说过这种香烟。它应该算是珍稀的。既然来了，就把它弄到手。

　　烟盒里面似乎还有几支香烟。一个男子夹着香烟，另一只手握着冒着热气的杯子。我正要开口，不料被吸入的烟呛得连连咳嗽，他们皱起了眉头。我忍着咳嗽，鼓起勇气问，你们把这个给我好吗。两个人诧异地望着我,好像听不懂我的话。我这才觉得太唐突,我稳了稳神指指烟盒说,把这个送给我好吗。他们都没吭声。

我尴尬地站着。

怎么会这样的,难道他们也收藏烟盒。突然,我知道他们误会了,他们以为我在讨烟盒里的香烟,一个小学生公然向他们索要香烟,人家当然诧异。我连忙说,我要这只空烟盒。他们恍然了,一个男子拿起烟盒看看说,还有香烟。我说,你把香烟拿掉,把空烟盒给我。话一出口我就后悔说得太冲。果然那人沉下脸说,不行。

完了,我想。车厢突然咯噔一下,我没有太在意,接着又咯噔一下。外面响起一声汽笛,我如梦初醒,我忘了自己在火车上。不好,火车要开了。我是偷上火车的,没人看见。我顾不上那是金丝猴还是长臂猴,那个男人如果答应给我,我也没时间了。我猛一转身,右手肘撞在椅子的横档上,疼得齿缝里直吸冷气。我不顾一切地朝着车门跑。

眼看就要赶到了,女列车员却将门咣地关上,将钥匙插进锁孔里。我大叫,等等,让火车停一下,我要下车。她回头看到我说,火车开了不能下车。

窗外的站台好像装上了滑轮,平缓无声地往后移,接着是花园、树木、房屋……

恐惧的利爪冷冷地攫住我。

火车开往上海,太可怕了。我穿这身污迹斑斑的衣裳,在繁华的马路上像个小乞丐,比那些捡煤渣的伙伴还不如,被人驱赶被人遣送回去，那太丢人了。我脑海里的上海变成了大海，波涛汹涌，一幢幢摩天大厦化成拍天巨浪，把小小的我无情地吞噬。我绝对不能去，我要下车。我不顾右肘的疼痛，拼命嚷着，我是下面上来的，我不是乘火车的。

女列车员瞪着眼。她当然不知道，我是在她跟别人说话时溜上来的。我大哭起来，号啕大哭，边哭边喊叫起来：我要下去呵，快点放我下去呵。来不及了，玻璃门外的景物在往后移动，火车启动了。女列车员愣了一下，她狠狠骂了一句，哗地拉开门。

一股风呼地冲进来。

列车启动后是逐渐加速度，由慢而快，如果不跳下去，后面就没有机会了。我跨下一个台阶，女列车员大声说什么我没听清，她好像在扯住我的衣服，我估摸觉得必须跳了，一腾身往下跳去，一个趔趄冲到地上，我用手撑住了。还好，火车离开月台有三十多米了。刚才一撑，受伤的右肘钻心地疼，我试一下还能动，我知道没有骨折，骨折是不能动弹的。

火车渐行渐远，真是不幸之中的大幸，再晚一点后果不堪设想。我没有什么钱了，跟着火车开走，无论下一站到哪里我都没法回家。如果把我当成流浪者遣送回来，那丢人丢大了。

远远的，月台上有人在看着我发笑，他们也许看到我从火车上跳下来的狼狈相了。我抹抹脸，泪痕未干，深深的屈辱袭上心头。

早上出门心情蛮好，是那只貌似熊猫的烟盒让我迷了心窍。我偷偷上车，厚着脸皮向人索要，被人拒绝。为了下车我表现得很失态，用哭闹来求得开门，被人呵斥，受了挫折，这一幕幕真让人羞愧不已。

我没有心思逗留了,得抓紧回家。落日在下山前迸发出它最后的光,也为地面上的万物投下斑斑阴影。我第一次感到回家的路是那么遥远,我穿过一大片菜地,来到了碎石路上,我摸着疼痛的右手肘,拖着疲软的身子,朝家的方向走去。

几辆自行车从我身边呼呼地驶过,我低着头。我不想让人看到一副垂头丧气的败兵样子。暮色四合,田野上不知哪儿有一台抽水机在突突突单调地唱着。

链接一:

第二十五条　车站的检票口、出站口应有明显的标志。车站对进站人员持用的车票、站台票经确认后加剪(市郊定期客票、卧铺票不剪)。计算机票、代用票、区段票应销角后交给旅客。出站人员的站台票应将其副券撕下。误撕车票时,应换发代用票。

第二十六条　列车车门口验票由列车员负责,列车内的验票工作由列车长负责组织实施,由乘警、列车值班员等有关人员配合。验票原则上每400千米一次,运行全程不足400千米的列车应查验一次,特殊区段由列车长决定查验次数的增减。

第二十七条　铁路稽查执行任务时,应事先与列车长取得联系,特殊情况可先执行任务。列车长、乘警及其他列车工作人员对稽查的工作应予以配合。

《铁路旅客运输办理细则》

链接二：

　　这是本世纪初在西班牙设立的外资公司由比利时制造的宽大车厢。即使是在和平时期，这种火车的样子很难看，不仅是因为肮脏。车厢和窗玻璃总是异乎寻常地蒙着粘手的油腻烟灰，火车头的双音笛声既哀怨又凄凉，令人想起美国西行的火车，穿过和阿拉贡或者卡斯蒂利亚高原一样荒凉干旱的广阔地带，在野牛群中慢慢地闯出一条通道。

克劳德·西蒙《农事诗》

第十六章
这五个字,是从我内心深处冒出来的,
带着我深深的憋屈和愤懑

胳膊肘疼了三天,我护着胳膊肘去向方老师请假,说胳膊肘受伤体育课请假,搞卫生不能参加了。全镇连续三天大搞卫生,迎接即将到来的上级检查。方老师迟疑了一下还是答应了。

宏宝对我不乐意,他认为我的受伤是假装的,是对他带领全班大搞卫生的消极抵制。这些日子他带大家搞卫生搞疯了,简直到了见缝插针的程度,其实就是为了那面流动红旗。每个班级都在为争夺这面带着金黄流苏的小红旗在较劲,全校就一面,两个星期评一次,评到的班级仿佛得到最高荣誉,从班主任到学生都喜笑颜开。

自他打了小黑蛋,我对他的不满不加掩饰地流露了出来,他也有所察觉,对我话少了,好久没有到我家来。

宏宝来查看我的手肘肿不肿。我说是内伤,伤了一根大筋和一根小筋,外面是看不出来的。他说如果不参加搞卫生是要医生证明的,你去看过医生吗。我说没有看过医生,我自有病自得知。他说,你右手受伤,可以用左手擦窗子,擦得慢点不要紧,全班都在劳动,多一个人多一分力量。我说,我从来不逃避搞卫生,这次受伤我连体育课都没上,再说我向方老师请假,她同意了。

我亮出方老师的令箭，宏宝不吱声了。

课间，孙琪走过时一下撞在我受伤的手肘上，我哟了一声，对他说，你怎么偏偏往我的伤处撞呵。他连连说，对不起对不起。我看到宏宝在不远处看着。莫非是宏宝指使他的。放学了，大家纷纷去拿抹布、锄头、废报纸、水盆等，我独自拎着书包，在宏宝不满的目光下走出教室。

走出校门，一路上商店和住户都在擦门拭窗。我有点孤单地走着。现在回家与其听奶奶唠叨还不如去街上转一圈。

我拐进小弄堂，顿时感觉里面亮晃晃。原来乱涂鸦的墙面，刷了一层白白的石灰浆。突然变白的墙面跟坑洼不平的小路、另一面深灰色的斑驳的墙砖，以及一股散不出去的发腻的酱味，很不协调。我早先写下"小瑾我想你"的地方被石灰浆掩埋了，像地面野兽凌乱的爪印，被一夜突降大雪掩埋了。

人们习惯了在这面墙上发泄或者抒发情绪，突然干净了，还真不习惯，它或许保持几天或者十几天，过后还会恢复原样，还会出现怪怪的人物和动物图案，出现一些隐晦下流和诅咒谩骂的字迹。

我产生一种涂写的冲动，打破这纯净的白色。墙上以前的东西烟消云散了，一切从零开始，今天我是第一个在上面涂写的，它会特别显眼，让人印象深刻。我没有粉笔，我在地上捡到一块红砖的碎角，虽然用起来不顺畅，但还是勉强用吧。写点什么呢。小瑾的事过去了，我也不想污蔑她，那是小人做的事。此刻我最痛的是在火车站遭遇的难堪，我刷刷刷写下五个大字；狗屁火车站，还在后面加上个大大的惊叹号，惊叹号像斜长的枯树杈。

这五个字,是从我内心深处冒出来的,带着我深深的憋屈和愤懑。火车站一直是我心中快乐和冒险之所在,是我兴趣和梦想之所在,我那么喜欢它向往它迷恋它,人们说它坏话时我为它维护,我把每一次去铁路都当成一次旅行,它的神秘它的惊险它的复杂吸引我,可是它却意想不到地给了我伤害。我恨它,这次经历中的呵斥、嘲笑、冷遇和难堪,是多大的屈辱和打击。火车站,你就是这么对待我的吗,还包括那个看似可爱却十足势利的小瑾。

看着墙上这歪歪扭扭的五个字,我轻松了,解气了。但是回头想想,能怪火车站吗,那只是一个地方,应该恨那里的人。

狗屁火车站。人们看到这句话会觉得不可理解,让他们去猜想和不解吧。我将碎砖角往屋顶上一扔,听它骨碌碌地滚动,直到没有声息。

我真要与火车站决绝吗,到处去说它如何没意思,如何暗藏险恶,就像以前人们跟我说的那样。我不会的,不管怎样,它对我总是有一种难以言说的诱惑。

摆书摊的老头还是守在那里,他坐在板凳上,像蹲伏在那里的一头衰老的野兽。生意显然冷清,只有两个小孩在合看一本书。我对连环画的兴趣减退了,前些日子我看上了厚厚的小说,看了《烈火金刚》和《敌后武工队》,感觉要比看连环画有劲多了,看入迷时在曲折惊险的情节里不想走出来,连吃饭都可以没兴趣。有时候白天来不及看,晚上我蒙在被子里打着手电筒看的。手电筒是父亲下乡走夜路用的,几次下来,父亲在嘀咕电池怎么这么快用完了,我不得不终止。

住在我家往北第二排房子的李阿姨,是个不上班但看上去日子过得悠闲的瘦弱女人。她不太跟邻居们交往，最常见的状态就是躺在门口的藤椅上看书。印象中她老是在阅读一本书，一本陈旧的绿封面的书，好像这本书的内容是变化无穷读不完的。我好奇地关注起书名，书名叫《红楼梦》。这种书肯定不是我喜欢的，起码跟战争、侦探、反特、神怪无关。我认识她是因为我母亲带我经过时，让我叫她李阿姨，从此我见面就叫李阿姨。一次她举着这本书问，这本书你看过吗。我摇摇头。母亲有一次对她说，我跟李阿姨一样，整天喜欢捧一本书。我看到她不易察觉地一笑。她说，这本书不是你孩子看的，但是等你长大了一定喜欢看。我心里想，不一定。我说，我看过很多大人看的书。此话虽然有夸大，但也不全是吹牛。我连蒙带猜看过几本繁体字的古代小说，还断断续续读过带注解的《左传故事选编》和《成语里的故事》。她连忙说，我的意思不是你看不懂，是还不到理解的年纪。看懂就是理解，看不懂就是不理解。我不想跟她争辩。她跟我说话是躺着的，慵懒的。我伸手去拿她放在身上的书，她抬了抬左手，我以为她不让我拿，可是她只是将长裙往下拉了拉。我打开书，先看目录，再翻几页扫视一下，觉得里面的文字婆婆妈妈的，我读不下去。李阿姨笑了，因为我的举动也证实了她的看法。她说，这是一本最好看的书，你什么时候想看，我借给你。我说好的，心里却想，我永远不会喜欢看这本书。

老头抬头看到我，苦笑了一下，说没来什么新的连环画。我看了看挂着封面的帘子问，怎么少了许多。他说，生意不好做了，下个月我不出来了。我诧异，为什么。他说，镇里干部来检查，指出好多书都是有问题的，说有的把劳动人民画丑了，有的宣传鬼怪迷信,有的是才子佳人谈情说爱,说再拿出来就要没收。他说,这也不行那也不行,一收就收掉一大半,说这里面还可能有漏网的,叫我自己再查查,这生意还能做下去吗。他说,这些新的你要看吗。我一看有《雷锋的故事》《向秀丽》《硬骨头六连》《罗盛教》等,这些故事我在课本上、广播里、故事书里都看过,耳熟能详了。我说,这些故事我都知道的,镇文化馆和少年宫的阅览室里都有,免费看。他说,你是喜欢看书的人,跟你说,往后没啥书看了。我想,这个拥有那么多连环画的老头,我认为是世界上最幸福的人,没想到他也不开心。看来,我在火车上的那点羞辱算不上什么,而且没有熟人看到,就当它没有发生。

这么一想好像吸进清新氧气,胸腔一下子敞亮了。街上陆续有认识的同学走过,说明他们搞好卫生了。我得赶紧回家了。

走上香花桥,望着石砌堤岸下窄窄的河道,河水泡着暗淡的暮色,暮色好像是深藏在河底,慢慢泛现出来。河边的酒店飘出了呛鼻的煎炒味。狭窄的河道只容一条船通过,另一头有船过来必须大着嗓门通报,让对方避让一下。常常会遇到两条船在河道中央相遇,各不相让,先是争执、接着叫骂、最后动手,闹到用篙子将对方船上的灶台用品一并扫进河里,直到派出所来人。这条河道经常有各种事情发生,是小镇看热闹的好去处。

火车来往没有这样的事,一列开过去,一列开过来,各走各的道,互不相扰。即使在一条轨道上,哪一列让一下,哪一列先通过,都是调度好的,安然没事。不可想象火车如果相撞那是多么不得了的事故。我知道这都是扳道工在操作,所以我对扳道工心存敬意,别看他们拎个大扳手逛来逛去,没事似的,其实他们身负重要使命,一点不能出差错。

方老师经常用人生的道路和生命的轨迹这样的比喻,意思是人的一生跟火车或者航船一样,偏离方向就要撞车或者翻船。我想,如果每个人有一条自己的航道,各不相扰,那有多好,如果几十个几百个学生挤一条轨道,不管多么当心,碰撞是不可避免的。不过至今为止我和同学没有什么碰撞。人生如果有扳道工,他会是谁,是老师还是家长,或者谁都不是,靠自己掌控。譬如一个好看的女孩子,你也喜欢我也喜欢他也喜欢,谁肯退让,如果都不肯,相撞和冲突就不可避免了。

暮色深了。河道挤满深灰的暮云,在云朵和云朵之间的罅隙里,漏出一线亮丽的光,就像一根根闪闪的金针,它们在桨影橹声里一点点黯淡下去。

我离开桥头,看到前面小巷口有个老头推着一辆小车,那是摆书摊的老头,他显得矮小和衰老。小镇上有一些小巷弯曲纵横,谁也不清楚其深处通向何处,有的小巷眼看到尽头,穿过一家小院,竟然出现一方陌生的天地:一座精致的花坛、一个小河湾,或者一幢苍古的老屋。不知道老头的家在哪里。老头说不摆书摊了,香花桥下他的连环画消失了,它们曾经带给我多少快乐,想想真有些伤感。现在由小说来代替连环画了,所以这伤感是浅浅的,像灰色的蛱蝶在心上伫立一忽儿,飞走了。

父母亲又加班,所有单位都在忙,都在加班。我发现放学后,老师都留下来开会,这样也好,大人没有空来管我们,我们就有自己的空间。奶奶对我不像从前唠叨了。她开始数落起弟弟,吃饭也不停,一会儿叫他吃慢些,叫他喝几口汤,对我一句话也没有。我乐得清静。放下饭碗我站在门口，看到秦家门口围着一伙人，传出秦老头的话音。

老头又在吹什么牛皮了。

秦老头年轻时在外面闯荡过，见过一些世面，加上他说话夸张，吹起牛来天南地北，天上地下，说东道西，说神道鬼，好像天下没有他不知道的事。我不喜欢他神吹海聊故弄玄虚的腔调，他说的话攥在手里一捏，哗哗淌水。我反感他的不是这点，问题是他曾经用鬼故事吓唬我，而且是成心的。

那是暑期的中午，秦老头午睡起来在树荫下喝茶，一把大蒲扇摇得啪啪啪响。辣花花的日头烤得整个世界在冒烟，知了吵得人心烦，人们都窝在阴暗处不出来。我实在无聊，朝着他那块树荫走去。老头斜眼打量我说，怎么一个人在家，我看人家都去游泳了。我说，不想去，游泳晒得皮肤又黑又疼。秦老头说，男孩子黑一点有什么。我说主要是疼，晒得皮都脱掉了。其实我是嫌脏，脚底踩在河底的污泥里腻腻的，身上起鸡皮疙瘩。镇上唯一的游泳池在中学里，要买票，而我没钱。秦老头说，总比一个人在家待着强。我说，我喜欢一个人，他们来叫我，我不去。秦老头噢了一声。他认为我在说谎，他说，在家里没什么，不过拉屎要小心，特别在厕所里更要小心，弄不好把命都丢了。我不以为然，你说的是掉进茅坑吗。秦老头摇摇头不是不是。我知道他要卖关子了。他说，是手纸的问题，一定要带好手纸，否则有大麻烦。我诧异地问，手纸有什么问题，没有手纸也无所谓。秦老头说，我讲个小故事给你听，你就知道手纸要紧不要紧了。我反正闲着也是闲着，听他吹吹。他四周瞧瞧，我也跟着瞧瞧。阳光焦黄焦黄,蝉声喳喳吵耳。

他说,有个人跟伙伴们一起玩,玩着玩着觉得肚子疼,就找到一个厕所,就是路边的那种厕所。他蹲在那里,这时发现没带手纸,他大声呼叫外面的朋友,外面一片寂静,没人回应他。怎么办,他朝门外望望,地上没有一片废纸。他正在为难,听到身后一声低沉的话音,要手纸吗。他吓了一跳,可回头看看,背后是一堵光光的灰墙。他怀疑是幻听,那声音又响了,他一看身后,吓得直哆嗦,墙上伸出两只手在摇晃,一只拿着白手纸,一只拿着黄手纸。声音又说,你要白手纸擦,当场就死掉,你用黄手纸擦,今晚上死掉。这人吓得差不多瘫掉,但他脑子还是清醒的,他什么也不要,拉起裤子就往外跑,他想只要看到伙伴就安全了。伙伴们后来在一片花圃里找到他的尸体,从他发黑的左腿上找到被毒蛇咬过的牙痕。但是没有人知道厕所里发生过的一切。

秦老头说完,端起茶杯像喝酒一样吱地喝了口水。他用眼睛余光在瞄我,观察我的反应。我觉得背脊冷飕飕的,阳光和蝉鸣好像渐渐被一层时光隔开,隔在另一个世界。后来很长一段时间,这个鬼故事的阴影罩着我,尤其是吓得我不敢独自上厕所了,而且无论如何记得带好手纸。

这个鬼故事我没有说给别人听,我怀疑是秦老头编出来吓唬我的。仔细想想其中多有破绽,忘了带手纸只是粗心大意,最多是不卫生,算不上什么大罪孽,怎么会有这么严重的报应。还有既然那人死了,厕所里发生的事没人知道,这个故事又是怎么来的,难道是那个墙壁里的鬼讲的吗。

从此我看到秦老头就想到那个鬼故事,心里很是不适,很多人喜欢去听秦老头胡扯,我却总是躲他远一点。

我站在家门口,望着晚霞下远处的庄稼,秦老头的声音不时飘来,听不真切,有几个词蹦进我耳朵里:编组站、古墓、石雕等等,我的兴趣来了。秦老头每天一早去茶馆喝茶,听到好多来自四面八方的消息,他常常把这些消息搬过来,还添油加醋。既然说到编组站和古墓,我不妨去听听,或许还有小石马的消息。

我一走近人堆,浓辣的香烟呛得我直流泪,我便转到上风头去站着。秦老头有滋有味地说道,你们知道,编组站那个老汤,那个不停眨巴眼睛的老汤,噢你们可能不认识,这个老汤一天到晚老是眨巴眼睛,我问他,你的眼皮这么眨巴累不累。你们猜他怎么回答,他说,眼皮一天到晚绷着不动才累呵,眨巴眨巴才轻松。大伙都笑了。他说,老汤每周一三五,一天不落,凌晨五点多骑自行车到云鹤茶馆喝茶。别看人家老眨巴眼睛,钱那叫赚得多,他在办公室里按按电钮就赚钱,夜班还给夜班费,这事我还真想不明白,人家苦死累死赚不了钱,他怎么那么好赚钱呢。他一进茶馆就点一壶碧螺春,人家从来不喝那种便宜的炒青。

有人说,你倒是说说古墓,别净说老汤。

秦老头慢吞吞地说,别急呵,事情的来龙去脉总得交代清楚,到时别说我老秦一张黄牛皮吹破天,你想想一张结实的黄牛皮我老秦能吹破吗,我牛皮没吹破倒把自己的屁憋出来了。大伙哄地笑了。我笑不出来,秦老头就是喜欢哗众取宠,故意卖关子,要不是为了听古墓的事,我早走了。

编组站挖出一座古墓了。秦老头说,人家老汤那是亲眼所见。起因要从一头石马说起。编组站那儿在修一条路,民工们无意中铲子碰到一块石头，他们把它刨了出来，是一头小石马。他们没把小石马当回事，就撂在一边了。秦老头说，挖出石马石牛并不稀罕，我当年在河南当兵，看到人家农民在自己地里随便就刨出一头唐朝的金牛，那是跟真牛一般大的金牛，了不得。

大伙说，你说着说着又说远了。我忍不住插了一句，编组站那头石马我见过，我还用手摸过。秦老头嘿嘿一笑，看看，没错吧。大伙说，没说石马的事，我们是说你金牛的事扯远了。

好吧，接着说，这石马也没人当回事，就随便搁在那儿。一个月明之夜，有个民工从工棚里出来小便，远远看到有隐隐亮光，他好奇地去看，发现是石马在发亮，那不是月光星光在石马身上的反射，那是一种幽幽的光，好像是石马里面发出的，像灯笼从里面发出来的一样。

秦老头又要胡吹乱编了。从我了解的知识来看，这根本没有任何科学依据。我忍不住插嘴说，即使石马里面真有亮光，它也不会穿透石头的。

秦老头不满地斜我一眼。有人对我嚷嚷，你爱听就听，不爱听就走，多什么嘴。

这些人真愚昧，秦老头这么低级的牛皮都听不出来。可我不走，我要听听还有什么内容。

秦老头说，看到石马发出的光，那个民工并不是傻乎乎的那种，他动起了歪脑筋，打起了小算盘，他想石马里面也许藏着夜明珠之类的宝贝。修路这活是一段一段修过去，他们已经修到前面。那民工在白天借故离开工地，一个人到石马前仔细研究察看，怎么看石马都是浑然一体，找不出一点钻凿或修补的痕迹。于是他偷偷将一把大锤藏在草丛里,准备夜里来动手砸开它。

秦老头停下来,看看水杯,有人连忙拎起热水瓶帮他倒上。大家静下来等他。附近一片蛙声好像约好了,一齐鼓噪起来。前面新挖了一个梨形池塘,没多久地下水和雨水将它注满,水面长满水浮莲。

秦老头对着茶杯吹了口气,喝了一口,继续往下讲。

深夜,那人悄悄溜出来,找出大铁锤砸石马。他一锤子下去,只听到叮的一声,金星四溅,像点了小礼花。他摸摸被砸的地方,光光的,没有一点凹痕。他暗惊,他妈的,这石头比钢铁还坚硬。他又抡起大锤砸了一下,这一锤砸在石马的臀部,随着一片金星的溅起,石马发出一声闷响。他又喜又怕,喜的是马身里面可能是空的,怕的是声音听上去像击鼓,会传得很远。他四周看看,暗淡的月光下一切昏蒙,于是索性放开胆子抡臂砸了起来。

秦老头说,这事是被编组站的一个巡路工发现的。果然是那闷闷的声音传得很远。巡路工听到了,叫了人一起循着声响抓住那个民工。起先以为他在破坏铁路设施,可是看到砸的是破石马,怀疑他是神经病。送到铁路公安局这民工全交代了。这个铁路公安你们不知道,可厉害了,比镇上的派出所厉害得多,它直属公安部。我奉劝各位,千万别跟铁路公安打交道,占不到一点点便宜,我走南闯北一辈子,遇到铁路公安那帮人我都乖乖让一边。

讲着讲着又吹上了。

这事就这样捅上去了,一直捅到北京。北京派专家下来,带着高级仪器,对石马进行测试。没有想到,石马里真测到有黄金,有一大砣，几十斤。专家搞不明白，这黄金是怎么弄进去的，整个石马是整块石头雕琢的，莫非黄金本来就在里面。这可是千古之谜呵，我们的老祖宗就是比我们聪明。这是老汤悄悄告诉我的，是国家秘密，你们想想这项技术如果被外国人搞到，那可不得了。老汤他知道我见过世面，我知道的秘密多了，都在肚子里藏着，严丝不露。你们听了也就烂在肚子里，不要到外面去乱说，谁说谁负责。

听的人都频频点头。

池塘那儿又爆出了一阵蛙鸣。这个池塘刚挖好时没动静，后来陆续有几只青蛙叫，再后来越来越多，一到夜里，它们鼓噪起来，如潮如汐。

北京来的专家不愧为专家，他指着石马前面的地方说，挖下去。人们将信将疑地挖，挖了不到十米挖出一个古墓。据说这是了不得的发现，究竟挖出什么那是国家机密，没人看到，全都封好装箱，用专列送走了，送到什么地方是机密，老汤也不知道。现在那里全都围了起来，全副武装的军人把守，谁要是进入围栏一步就格杀勿论。就是这么规定的。秦老头板着脸看看每一张肃然的脸，他对这个效果很满意，又加了一句，这可不是开玩笑的。

我听小店门口下棋的人说，那块地方不让外人进去，是由民兵把守，怎么成了军人，对进围栏就格杀勿论的说法我也不相信。万一有人不明情况进去了，一枪毙命，那也太不讲理了。那天阻拦我过去的人，既不是军人也不是民兵。

对老秦的添油加醋，我没有戳穿他。

我问，后来石马怎么了。秦老头反问大家，你们猜怎么了。大家摇摇头。秦老头意味深长地说，运北京去了，这是中央决定的，这种级别的国宝，只有在北京最保险。

有人说，火车站就是事多，铁路上的那帮孩子打架、抽烟、乱花钱、玩女孩子，把镇上的风气也带坏了。

有人说，前些日子，火车站的小流氓骑车带着女孩，在马路上横冲直撞，结果有辆车子摔了，摔得稀里哗啦，摔得鼻青眼肿。唉，拿这些人没办法。

秦老头说，反正他们父母有的是钱，车子摔坏了再买新的，胳膊腿摔坏了修巴修巴再使唤。大伙都笑了。秦老头又说，这帮人不出点事故，不吃点苦头，不会长脑子的，依我看，活该。

我想，这事是真的吗，摔车的那人会不会是大宋，会不会小瑾正好坐在后面。我真希望摔的就是大宋，摔他个骨折，在小瑾这件事上他无意中得罪我了。至于小瑾么，让她摔痛点，但不要受重伤，对这种无知又虚荣的女孩，惩罚一下就可以了，让她及早回心转意。

接着我暗自好笑，火车站上骑自行车的人多着呢，哪会偏巧就是大宋呢，搭坐的女孩子也未必是小瑾。

我这样想想只是解解心头之恨。

夜色像毯子一样展开了。有人打起哈欠，有人跟着伸起懒腰，大家纷纷道别回家。奇怪的是，我的听力穿越如潮如汐的蛙鸣，听到火车开过的声音，很真切很清晰，我甚至听到车轮从铁轨的接缝处经过时的喀顿喀顿的节奏，仿佛连蛙声也随之一起一伏。难道青蛙也在呼应火车的节奏。

链接一：

从西安坐火车到深圳，行程2154公里，车票只要2元钱？30日中午10时许，网友"上官云舜"在微博晒出一张火车票，说自己"(肥)回家了"。照片显示的火车票，是昨晚10时57分从西安出发的K448次，开往深圳，座位为13车001号中铺，票价为2元。惹众网友惊叹"好福利"。

羊城晚报记者调查发现，网上晒出的K448车票，整个车程穿越5个省，历时30小时，硬卧中铺价格为423元，"上官云舜"的个人资料显示，他于2010年进入南昌铁路局，他的个人微博里展示了大量在火车上工作的经历和感受。

记者致电西安铁路局客服得知，这张票是一张内部员工才可办理的乘车签证，员工只需持相关证件到车站内售票处即可买到。

2012年11月2日网络《网易论坛——惊曝：(肥)回家了，西安到深圳卧铺票仅2元?》

链接二：

南耶路撒冷德国定居点的山坡下，一列火车在疲惫地爬行。火车头咆哮着喷吐白雾。列车驶入空空荡荡的月台。最后一次喷出的气息孤苦无助地消逝了。汽笛的最后一声长鸣打破了沉寂，但沉寂十分顽固。于是发动机投降了，屈服了，变冷了……

阿摩司·奥兹《我的米海尔》

链接三：

很多年以前我喜欢在京沪铁路的路基下游荡，一列列火车准时在我的视线里出现，然后绝情地抛下我，向着北方疾驰而去。午后一点钟左右，从上海开往三棵树的列车来了，我看着车窗下方那块白色的旅程标志牌：上海——三棵树，我看着车窗里那些陌生的处于高速运行中的乘客，心中充满嫉妒和忧伤。

苏童《三棵树》

第十七章
他嘴角浮起来狡黠的微笑，可能
认为我这种诚恳态度多少带点表演性

这些日子弟弟变了，很少跟我作对了。奶奶说他懂事了，还含沙射影地说，有的人白白多长几岁，却什么都不懂。我装着没听懂，跟一个六十多岁的老太太计较什么。不过弟弟的突然变乖让人生疑。

他不久前还说要到火车站去，跟我协商怎么个去法，我淡然问，什么时候去，怎么去。他说，过几天。我说，火车站有什么好玩的。他说，就去看看火车。我说，火车跟电影里的一模一样，没啥好看的。他从衣袋里掏出一块橡皮大小的生铁说，我去磨磨这块铁，让它变成磁铁。学生中盛传，在火车刚刚开过的铁轨上摩擦铁块，能使这块铁带上磁性，成为一块磁铁。我笑笑说，这根本不可能。他问，怎么不可能。我说，火车开过的铁轨上没有磁性，更不会传到铁块上。

弟弟问，你亲自试过吗。我没试过，但只能说试过。弟弟说，不磨磁铁我也去，我去看看火车。我说，如果你想去，我以后带你去。他说，我自己也能去，跟你一起去是想有个伴。我说，劝你不要自己去，真的很危险，你知道小狗子吧，我的同学，他妹妹就是被火车轧死的。再说火车帮你也听说，看到陌生孩子不分青红皂白往死里揍。他说，你以前不是说铁路上一点不危险。我非常诚恳地说，我当初说是因为没有去过，现在去过了才知道的，那真不是好地方，真的。我是发自肺腑地劝说，一改以往调侃的态度。弟弟有点惊异地看着我，好像在考量要不要相信我。他嘴角浮起来狡黠的微笑，可能认为我这种诚恳态度多少带点表演性。凭良心说，我这次是真心的，火车站带给我的伤害刻骨铭心，我又不能跟他直说，那是很丢面子的。

　　我要阻拦他独自去火车站。我的教训太深了，至今还时常做各种怪异的噩梦。我梦见自己在一个荒凉的小站上，看到一节车厢孤零零停着。我从窗口看到里面坐着五个神情冷漠的人，其中一人对我招手。我有些害怕但还是上了铁梯，一脚踏进去车厢，车厢猛地晃动了。我明明看到这节车厢没有带火车头，我不担心它开走，可是车厢竟移动了，并且一瞬间加快了速度，难道就在我上来的一瞬间火车头接上了。它开到哪里去。我着急朝外张望，窗外出现茫茫大海，火车竟然开到海上。海上没有铁轨，火车却在轰隆隆开，浪花拍打在车窗上。我再看车厢里，那些人不知什么时候消失了，恐惧紧紧攫住了我。我转向窗外，看到了奇形怪状的海兽，八爪乌贼和长着龙角的鲸，还有一些蛇形、扁形、圆形的海鱼。它们在波涛里，探出脑袋瞪着我。它们的表情怪异，水淋淋的脸上满是狞笑。海浪一时大起，车厢剧烈晃动，海兽海怪消失了，巨浪拍打得车厢摇摇欲翻。我因恐惧绝望而大叫……还有一次我梦见自己坐在火车里，火车进入长长隧道，山洞里没有一线光亮。我以为火车一会儿工夫就从另一头出去，可是火车在黑暗里越开越快，开了很长时间还没有出去。世界上不可能有这么漫长的隧道，我害怕起来了，大声问一位女乘务员，这是到哪里去。她瞪了我一眼，没好气地说，你自己上来难道不知道去哪里吗。我要下车。她拉开车门把我往黑乎乎的门外一推，一个趔趄我惊醒了。我汗水涔涔，一眼看到从窗帘破缝间漏进的晨光，庆幸地松一口气，闭上了眼睛。

决不能让弟弟独自去火车站，他只有三年级，还不懂事。我第一次去也不是一个人，有棚户区一帮老手带着，否则一不小心真要出事的。

我说，你要去可以，只能由我带你去。他听了嗤之以鼻。他说，他要跟"壁虎"一起去。"壁虎"是他一个小伙伴，精瘦的一个孩子，不太吭声，总用警觉的目光斜着看人。他正在跟一个高人学一种叫壁虎功的轻功，他的外号由此而来。据说他师父赤手空拳不带钩子绳子，身体贴着垂直的光光墙壁，能像壁虎一样刷刷刷地爬上去，一直爬到屋顶。至于那位高人叫什么住在哪儿却没人知道，他也缄口不露半句。几个高年级学生为了知道高人的真相狠揍了他一顿，他就是不吐半句。弟弟说他是在深夜练功的，说他绝对是练壁虎功好料，将会成为一个飞檐走壁的大侠。

对"壁虎"我看不顺眼，蔫蔫巴巴的，没一点练功人的精气神。没有人见过他练功，叫他露一手，他总是以师父规定不准许为由推托。他常来我家，一见面我总要对壁虎功冷嘲热讽一番，他只是冷冷盯着我，一言不发。

我说，你那个"壁虎"朋友，十足是个小骗子，你还是不要跟他一起去，别指望他真有什么功夫。弟弟欲言又止，我回头看，奶奶端着一只鸡食盆从门外进来。她问，你们今天怎么不出去，在屋里嘀咕什么呢。弟弟赶紧说，没什么，是在说我的同学"壁虎"练轻功的事。奶奶知道"壁虎"这个人。奶奶说，什么功不功的，把自己功课上几个字认好就不错了。弟弟马上顺着说，我也是这个意思。奶奶说，我看出来，你们老是在一起糊弄我，唉，奶奶老了，也管不了你们。我本来想说出弟弟想去火车站的事，通过奶奶阻拦他，可还是忍着没说，怕惹出些事来。看着奶奶出去的背影，我觉得自己真还不如弟弟乖巧，当初为了去火车站，跟奶奶闹了多少别扭。

弟弟不吭声了，我不确定我的话对他是否起作用。

我跟弟弟说，如果你真要自己去，有些注意事项你必须知道。弟弟说，过去你可不是这么说的。我说，那是我没有去过，现在我去过多次，每次还是小心翼翼。弟弟翻翻眼，真有那么严重。奶奶又提着扫帚来了。弟弟不吱声了。奶奶有事没事从这儿走过，表明她想听我们说什么。她对走过时我们突然收口很恼火，她索性就在我们面前扫起地来。奶奶这样做让人很难受，我索性走出去了，反正对弟弟要说的话都说了。如果我将铁路上的危险渲染得过分，恰恰会激发他的好奇心，当初自己不就是这样的吗。

我开始关注起弟弟的动向，去那么远的火车站总要做些准备的，要带点钱，我估计他不会有钱，他这个人只要口袋里有一分钱就决不会让它过夜的。我看不出他有动身的迹象，如果他动身，我悄悄尾随在后面，远远地，在暗中保护他。

他是个从不逃课的学生。星期天是他唯一有空的日子，这一天他要么待在家里，要么在不远处跟伙伴们玩，说来奇怪，他没有再提去火车站的事。他是不是真的听信了我的话，因而改变了主意，或者想跟我一起去，又不好意思开口。不得而知。

　　暑期开始后，我格外关注起弟弟的动向，一天我看到"壁虎"从窗外走过时吹了声口哨，弟弟听到后悄悄往外溜。"壁虎"不进我家，老像影子一样在窗外晃动，必有问题。他每次来我都奚落他的轻功，说得他耷拉着苦瓜脸，弟弟非常不满，说我不能这样对待他的朋友。他说宏宝来他是多么尊重，还说这是一个人起码的礼貌和品德。我笑了，说那只"壁虎"能跟宏宝比吗，他是个小骗子，对待骗子的办法就是无情揭露。弟弟说，你无法证明他没有轻功。我说，你也没法证明他有轻功，他自己也不肯证明他有轻功。弟弟说，他不想表演给你们看，那是他师父的嘱咐，是武林中人的武德，你懂吗。关于"壁虎"的争论永远没有结论，其结果是"壁虎"一见我就躲。我看到弟弟在外面转角处，"壁虎"从一丛冬青树后探出头。他们是要去火车站吗。日头升得老高，去火车站太晚了。他们两人凑在一起朝南走去。我赶紧跟着，始终保持二十米左右的距离。

　　转过一条小巷，他们朝田野走去。一踏上田间小路两人便勾肩搭背，有说有笑，我听不出他们在说什么事。"壁虎"一反平时低眉顺眼的样子，非常活络，弟弟也像跳出樊笼的野猴，一路走着顺手扯着庄稼的叶子。我一路弯腰跟着，他们没有察觉，甚至没有回过一次头。他们经过一片小树林停了下来，两人这才四周看看。我连忙匍匐下来，看到"壁虎"钻了树林，弟弟在原地四处张望。两个小坏蛋要干什么坏事，今天可要被我抓个现行的。一会儿"壁虎"拍打着两只脏手出来了，他的胯下明显鼓出一块。我不清楚那是什么东西，林子不大，除了几十棵树，什么也没有，树林子对面也没什么，是一大片麦田。

两人又有说有笑地走了，来到一片梨形的池塘边，"壁虎"从胯下掏出一只硕大的山芋。奇怪，这山芋是哪儿弄来的。弟弟跑到一条干涸的土沟里，扒开上面的杂草，拎出两根钓鱼竿，又取出一只深棕色的玻璃瓶，那肯定是装红蚯蚓的。两人在池塘边站好，将钓钩装上鱼饵，抛向池塘中央。这个池塘是农民浇地用的。塘里有一种背脊深黑色的鲫鱼，个儿不大，很是奸猾，很难上钩。"壁虎"下好鱼钩，便到水边去洗山芋，然后用衣角擦干，拿出小刀片把它一分为二。他端量着两个半块山芋，将一块递给弟弟，另一块自己咬了一口，咔嚓咔嚓咀嚼起来。弟弟也咬了一口，嚼得嘴角白沫溢出，他朝"壁虎"跷了跷大拇指。

周边很安静，偶尔从庄稼深处传来叽叽咕咕的蛙叫。两个小子真会享受，在这儿啃着山芋钓着鱼，又省力又悠闲，不比去火车站差呵。我为他们没去火车站松口气，又一丝酸溜溜的嫉妒。我决定吓唬他们一下。我猫着腰向他们靠近，突然冲出来喝一声，不许动。这下把他们吓得不轻，弟弟的手一哆嗦，山芋掉在地上，骨碌碌差点滚进池塘。"壁虎"丢下钓竿撒腿就跑。他们回头一看是我，气得嗷嗷乱叫。"壁虎"说，你这样吓人会吓出病来的。我说，你们不做坏事有什么可怕的。弟弟捡起山芋到水边去洗，他说，我们钓鱼有错吗。我问，山芋也是野生的吗。弟弟淡然说，是"壁虎"从家里带来的。我问"壁虎"，是吗，你不能既当骗子再做小偷。"壁虎"为难地看看我，嗫嚅地说，是的。我说，是什么是，告诉你，这山芋我一眼就认出来，要不要我说出来。弟弟还嘴硬，你说你说。我说，我提示一下，树林那边……人家农民好多次发现山芋被偷,说抓到小贼要打断他的腿。"壁虎"听了脸皮一阵阵发紧。他说,前面几次真的不是我们干的。什么,还有前几次,我差点没笑出来,故意沉着脸说,是吗,你们要老实。"壁虎"眼珠一转,发觉自己上当了。弟弟头一横,你没资格管,这山芋是咱们同学家里种的,你管不着。"壁虎"附和着说,是的是的,是我们同学刘洪福家的。我说,那好,你们跟我去找山芋的主人,让他证明一下。我做出要走的样子,他们连忙拦住我。弟弟说,这块山芋就给你吃吧,很甜的。我说,你们要买通我呵。说着我不客气地接过山芋,咬了一口,唔,又甜又脆。弟弟瞪着我,很可怜的样子。我对"壁虎"说,你也给我咬一口。"壁虎"说,你不嫌脏吗,我是不刷牙的。我说,正好,我也不刷的。他将山芋递给我,我将嘴里的咽下,腾出空间,对山芋狠狠咬了一大口,"壁虎"转过头不忍心看。我这才知道,小树林子那大片麦田里面,夹种着窄窄的一长垄山芋,从外面是看不出来的,不知道他们是怎么发现的。

镇子附近的农民很少种山芋、芦粟、葵花,一般说不用等到它们熟,就进了别人家的肚子里,不光是孩子,有些大人也干这种偷鸡摸狗的事。而且很少有被农民抓住的。

我叫"壁虎"把鱼竿让给我来钓。他难得见我如此平易近人,有点激动,低声问要不要再去弄山芋。我反问,你看行吗,万一被抓住呢。他说,没事的,我会当心,万一抓住也不会说出你的。我说绝对不行。钓鱼的成果是,我钓了一条,弟弟钓了两条,"壁虎"用弟弟的鱼竿也钓了两条。一共五条鲫鱼,"壁虎"的两条归他了。

钓鱼我还真钓不过他们。

本想三条鲫鱼烧一锅，奶奶在水池杀鱼时，跟人聊天没留神，两只觊觎已久的灰鸭发动偷袭，各咬了一条便逃，奶奶发现把剪刀扔过去，可惜没砸准。气死了。

弟弟没有再提去火车站的事。

民办小学人家都说不太正规，但是在好多方面还是跟其他学校一样运作的，按课程表的安排，上课、下课、又上课、又下课，每节课上不是老师讲就是学生写，不是老师写就是学生抄，不是老师念就是学生背，最后不是老师训斥就是学生罚站，日子单调贫乏，柳树上的蝉叫，热闹而枯燥。我希望有点新鲜的事发生，哪怕一点点小事也行，不然快要憋死了。

都说时间是医治心灵伤痛的最好医生，这个医生真好，没过多久，我在火车站那段屈辱的记忆模糊了，细节漫漶了，像一张年代久远的照片，褪得只剩下淡淡的轮廓。那种扎心的羞辱感也被时间磨掉了，它留下更多的是它戏剧性的特点。

我开始以一种轻松甚至夸耀的口气谈起那段经历，当然也作了必要的增删。我把那次独自去火车站演变成类似少年英雄独闯虎穴龙潭的壮举。我的讲述里，车厢里两位中年人成了大领导，还说在报纸上常有他们的照片，他们抽的烟就是传说中的熊猫牌香烟。我还说领导看到我，朝我招手让我上车。大家不相信，他们说领导的窗帘是整天拉上的，再说周围有警卫员。你们错了，我说，领导也要接触接触群众。我继续说，门口一位警卫员还摸摸我的头。我说领导非常和蔼，问我上几年级，是不是铁路工人的子弟，学习成绩怎么样，还叫我要好好读书，国家建设需要有文化的革命接班人。我说,我当时看到那只猫熊牌香烟壳,真想开口要,考虑到自己是个好学生,最终还是没有开口。同学们表示惋惜。谁都知道一张熊猫牌烟盒的价值。我还向他们描述熊猫牌烟盒上熊猫啃竹枝的可爱神态。反正谁也没有见过。我说那列火车是去上海的,列车长还跟我开玩笑说,要带我去上海,下周再坐着这列火车回来。我说不能去,我还要上学呢,一个好学生是不能无故缺课的。两位领导听了频频点头。我一时头脑发热添油加醋了许多细节。那天的事情已经成了一件英雄壮举,没有任何不愉快,奇怪的是,讲述时我没有心虚和内疚,讲了多遍,自己都把所讲的当成真实的。

夸张一点说,无非是为单调乏味的日子增加一点亮色。在一个学校待了将近六年,天天面对的是同样的面孔,其间转学三人,死亡一个,转学的人里包括吴林贵,死亡的是二年级时的一个同学,暑假里他跟父亲去河里摸螺蛳溺水而亡。将近六年,换过一次教室,墙壁刷过八次石灰浆。当时不知为什么要换教室,因为学校所有的教室大小一样,结构一样,窗口位置、窗框颜色、黑板大小以及上方的"好好学习,天天向上"八个大字都一模一样。

最近我总有点心神不宁,觉得会有什么事发生,也许是小狗子的座位空了三天,让我生出这种感觉。没听说他生病请假或者说家里有什么事。我觉察到方老师的目光掠过小狗子的空位子时,有种说不清的神情,也许是我多疑的错觉吧。她肯定知道小狗子为何缺课。前一阵子小狗子无精打采,作业也懒得抄,宏宝直接将我的作业拿去抄,他也听之任之。虽然缺课对小狗子来说很平常,但是一连三四天不来是没有过的。他厌烦读书,会不会弃学了，此刻躲在铁路边的小树林里，嚼着茅根，望着缓缓经过的列车，呆呆地想着什么。

我问宏宝，小狗子怎么好几天没来上学了。宏宝说，不知道。我不相信，他说了句，真的不清楚。他说他们好久没在一起了。我觉得不太对头。棚户区其他同学也都说不太清楚。我说你们住在一块，他家里有事难道你们不知道吗。他们说我们不管人家闲事的。他们在隐瞒着什么。小狗子连续几天旷课方老师应该去家访，可是方老师没有提及，即使在主题课上讲纪律时也只字不提。

到了第五天，有消息传说小狗子"进去了"。"进去了"，谁都知道，就是被抓进派出所了。消息像丝溜溜的寒风，从一条条缝隙里钻来穿去，不多时整个班级、整个学校，我相信整个云翔镇都传遍了。说法纷纭多变。有的说他是一个铁路盗窃团体的成员，能跳上一列飞驰的没有任何抓手的货车，并能悬着身子打开车厢门锁；有的说他曾经从货车上搬下来一箱大白兔奶糖，一家老小关上门天天吃糖，吃得都生了蛀牙；有的说他从列车上盗下一只小盒子，打开一看是十只灿灿发亮的钻石牌手表，他藏在家里的床底下；有的说这次他昏了头，竟去偷盗军用列车上的棉衣棉被，押车的战士要不是看他是个孩子，早就一枪把他击毙了；也有的说他只是盗窃团伙里的喽啰，专门望风探路，接应从火车上扔下来的赃物，在团伙里经常被人欺负……

小狗子成了云翔镇的新闻人物。

派出所在解放街和民主街十字路口，是一座旧式的深宅大院，两扇威严的黑漆大门常年紧闭，边上有一扇小门供人出入。听说里面有监房，能关二十多人。我没有进去，不敢进去，每次经过大黑门时都要避远点,心脏会莫名其妙地怦怦乱跳。虽然我没有做过什么坏事,可是走过时阵阵心虚,那些早已遗忘的做过的小坏事,此刻从角落突然冒了出来,譬如拿过人家东西、用弹弓射过家禽、偷偷想女孩子等等。听说关在派出所的人要劳动改造,里面有什么活可干,无非也是搞卫生,天下哪有那么多卫生可搞。

棚户区的人都回避谈及此事,没有人讲明白小狗子到底犯了什么事。宏宝也三缄其口,对别人传得神乎其神的情节,他一概不加评论。小狗子毕竟与他们是朝夕相处的伙伴,一起上学,一起捡煤渣,一起捉鱼,一起捞河蚌,此事应该对他们有震动。

全校训话时,校长对卫生和纪律上一些鸡毛蒜皮的事批了又批,对小狗子的事却一字未提。方老师叫后面戴眼镜的王晓林坐到小狗子的座位上,把这个空位填满了,整个教室看上去又满满当当。

日子继续往前走,快要毕业了,大家的想法多了,小狗子也渐渐被人淡忘了。有时有几个低年级学生,问我小狗子是什么样子的,是不是真有轻功夫,能一下跳上飞快的火车,我是这样回答的,不太清楚。

棚户区里透露出一些消息,说小狗子要送去劳动教养两年,满了两年也不回来,教养所里有生产车间,期满了就留下,在那里上班拿工资。听说此事还追究到小狗子的父母,他们帮小狗子隐藏赃物,还将赃物卖给人家。他们全家又哭又闹,他母亲跌坐在地上,拍胸捶地,发誓说真的不知道这些物品是偷来的。她说一直以为是小狗子捡来的,是火车上掉下来的,早知道小狗子偷东西,我早就给他吃耳刮子,宁愿饿死也不能要。她还说,我跟他爸一起吃官司去，家里两个小的两个老的交给政府了，让政府养活他们吧。他父亲翻来覆去一句话，你们枪毙他吧，枪毙了干净。看在这是贫困劳动人民分上，最终还是放他们一码。有人说小狗子加入的盗窃团伙早被盯上了，有公安的卧底派在里面。我想那夜旧车厢里的人被抓了吗，他多半也是这个团伙的成员，也许他是那个卧底呢。也有人说，棚户区从火车上偷东西的人多了，小狗子只是其中一个，其他人没有合伙干，属于小偷小摸，没有抓起来。棚户区的那帮人常去火车站，谁没点事呵，谁的屁股上没有屎呵，只不过小狗子入了团伙，成了案子，事情闹大了。

难怪棚户区的人对小狗子的事都不吭声，是怕把自己牵涉进去。校长和老师不提这件事，是怕影响学校声誉，学校出了这档事传出去名声不好。其实跟学校有何相干。

后来听说，小狗子是被铁路公安局关押的。铁路公安局给我的感觉是流动的、不固定的，是由一只只大车厢组成的，穿制服的民警在里面办公，监禁室也在里面。其实铁路公安跟镇上的派出所是差不多的，也有地面的房屋，具体在哪儿就不知道。

链接一：

目前来看，逐年递增的资产折旧、巨额利息支出及不断上涨的油料、配件等运输成本，是导致铁道部亏损的主要因素。考虑到中国铁路高昂的建设成本和运营成本，以及缓慢增长的营业收入，很难对铁道部的盈利保持乐观态度。不过，也有经济学者认为，铁道部不是一个单纯的商业企业，铁路贷款的背后有政府信用的支持。铁路贷款与国家经济发展大局相关，只要国家经济平稳，铁路贷款的风险不是大问题。

《高负债率下的中国铁路》(2012年)

链接二：

列车在两旁的桉树中徐徐行驶。在荒凉得像是旷野的地方停下。没有人报站名。是阿什格罗夫吗？我问月台上几个小孩。阿什格罗夫，他们回答说。我便下了车。月台上有一盏灯光照明，但是小孩们的脸在阴影中。有一个小孩问我：您是不是要去斯蒂芬·艾伯特博士家？

博尔赫斯《小径分叉的花园》

链接三：

想起来，我只见父亲哭过一次。那是在艾尔顿火车站，那时车站还没有关闭，列车还在运营。我要去费城，赶那趟回波士顿和学校的火车。我急切想走，觉得家和父母对我而言已经有点不太真实了，而学校，连同它的课程、它们激起我对未来的憧憬，当然，还有我大二时交上的女朋友。父亲握着我的手道别时，我看到他的眼睛，顿时惊呆了，几乎不知所措，他眼里分明闪烁着泪花。

约翰·厄普代克《父亲的眼泪》

第十八章
这突如其来的一道光，照亮之前
不在意的记忆，好些事此刻恍然醒悟

棚户区的同学去火车站少了，是小狗子事件给他们带来的震慑，再说过三个多月就要毕业了，读了将近六年的书，多少算是有点文化受过教育的，以前那些偷鸡摸狗的事，不好意思去干了。同学们一个个都长高了，由于天天混在一起不觉得，与当初进校时相比，每个人都要长高一个头，有的站出来就像青年人。

我明显感觉，课桌低矮了，板凳狭小了，坐在课桌前特别逼仄，觉得教室变小了，憋得慌。有时恰好树梢上有啾啾的鸟叫，鸟鸣仿佛一颗颗薄荷小糖丸，随着空气溜进耳朵里，通过耳道，进入脑子，整个人神清气爽。我情不自禁地想起久违的火车站，想起南来北往呼啸而过的列车，想起时而平行时而交错、伸向神秘远方的亮闪闪的铁轨，想起铁轨与铁轨之间空地上那些树丛和河塘，想起车厢窗口那些陌生又新奇的脸庞，所有不快的记忆都消散了。好像只有我一个人还对火车站有着如此的迷恋和兴致。我被它伤害过，可我好了伤疤忘了痛，远处隐隐的汽笛声，又让我心驰神往。

一天宏宝对我说，他毕业后，不想读中学，他要去做学徒。我略感意外，你还不到工作年龄，单位肯收你吗。他说，我叔叔帮我联系了,他们说可以收我。我问,去哪儿。他犹豫了一下说,还没有最后定,我家里叫我不要对外面说,我只说给你一个人听。我点点头,我尽量压抑着心里的不好受,因为意味着我们真正要分手了,一起玩了六年的好朋友,他要去当学徒了,去赚钱了,以后他的口袋里不是几角几分,将有几元十几元钱,而我还得口袋空空地坐在课堂里听课。我羡慕他,我也想去干活赚钱,可是这不可能,我必须进中学,这是没有选择的。我说,你不会去很远的地方吧,我以后来看你。他说不远的,你一定要来的。但他还是没说出去哪儿当学徒。镇上大多是商业单位,就是站柜台,少数有精艺社、铁业社、农具厂,学修钟表、学打铁、学木工、学农机修理、学裁缝、学刻图章等等,是学手艺的。如果宏宝到食品店当学徒就好了,偷偷吃块糖吃块饼,即使不能吃,在那种香香的环境里,让鼻子过过瘾也好。最没劲的是打醋打酱油,那种柜台前我一分钟都不想待。我说,你正儿八经赚钱了,以后想吃什么就买什么。宏宝说,早点赚钱算了,我不是读书的料,读得再高还是去做学徒,白费时间。

唉,我还不知道将来是怎么回事。宏宝走的路何尝不是一条正确的路,高尔基也没读过什么书,从小就当学徒,打零工,有了宝贵的经历,照样成为大作家。

过了几天,宏宝声称只对我说的秘密几乎无人不知,这让我很失落。为了表示我的口风紧,我不仅一字未说,还故意放话迷惑大家,说到中学还要跟宏宝在一个班里。更让我伤心的是,他们还知道宏宝是去木器厂当学徒,这恰恰是宏宝始终对我保密的。反正就要分开了,我也不想跟他多说什么。他没觉察我的不满,沉浸在将要去当学徒的兴奋中。我并不认为木器厂有多好，它是一家镇办厂，在汽车站台后面的一片农田边，三排红顶平房，那里经常传出声嘶力竭的锯木声和令人心烦的叮叮当当的敲击声。我想象宏宝日复一日将围着木桶、木勺、木盆、洗衣板等木制品劳作，我此前的羡慕荡然无存，反而产生带点幸灾乐祸的同情。

有个叫洪福妹的女生也不上中学了。她长得如同她的名字，高高大大，脸膛黑红，有个又宽又大的屁股，如果她牵个小孩走路，会被当成是当妈的。其实她只比我大两岁。六年里我不记得她在课堂上回答过老师的提问，她也许为自己站起来显得高大而难为情，因此不回答任何提问。

她还是去工作比较好。

方老师也许是有的放矢地专门讲了一通学习知识的重要性，讲接好革命事业的班，没有文化和文化低都是不行的。我心里嘀咕，要看接革命的什么班，譬如当个铁路工人，小学毕业绰绰有余了，就是挥挥小旗、拿着小榔头在铁轨上敲打一阵，即使当火车司机也是用大铲子往炉膛里加煤或者拉拉起动闸，不吹牛的，一个星期谁都能学会。如果想当个设计师或者工程师那就不一样，那是动脑筋的活儿，要有文化，但是整天看图纸画图纸有什么劲。不是说了吗，革命工作没有高低贵贱之分，文化高不高一样干革命，一样光荣。这些想法只是自己想想，说出来肯定没有道理，什么人都能驳你个体无完肤。

不料这天又发生一件事让我吃惊不小。这天我早早上学，路上看到王苏金从他家门口出来，斜搭着书包，提着一个鼓鼓囊囊的布袋，他走得小心翼翼，不时打量手里的布袋，努力减小它的晃动。这布袋里是什么东西,他送到哪里去。

我好奇地跟在后面。

王苏金径直进了校门,朝着老师办公室走了进去。我跟过去,站在窗口朝里瞧:我看到王苏金冲着方老师傻笑,那只布袋褪了下来,露出一只绘有鲜花彩蝶的搪瓷小锅。方老师掀开盖子,腾出诱人的鲜香的热气。我闻到了一股鸡汤的鲜香。好个王苏金,公然为班主任送鸡汤,这马屁可拍大了。让我看不懂的是,校长和另外几个老师看着方老师在说笑着,好像在夸这美味佳肴还是什么。

我实在看不下去,离开窗口走进课堂,王苏金也进来了,他斜挎着书包,那只布袋不见了。他很老练,跟平时一样嬉皮笑脸,好像没有刚去方老师那儿拍过马屁的事。看来他干这事不是一次两次了。我最痛恨马屁精,我不理解的是,王苏金为什么要拍方老师的马屁,看不出有什么必要,他成绩不是很好,但拿毕业证书应该不成问题。更令人不解的是方老师怎么笑呵呵地接受了。

他们有什么交易吗。

我走到王苏金身边嗅嗅鼻孔说,你身上有一股葱花香。王苏金奇怪地看看我,扭头嗅嗅两肩处说,没有呵。我说,怎么没有,明明一股葱花味。他说,好吧,你说有就有吧。说着在位子上坐下了。这种不屑跟我一辩的态度激怒了我。

我突然跟他说,王苏金,你那只锅子忘在方老师办公桌上了吧。由于我声音很响,很突然,大家都看着王苏金。他一愣,笑笑说,没你事,我就是要放在那儿的。我恶意地说,你带来的鸡汤方老师爱不爱喝,如果不爱喝,倒进阴沟里怎么办。他嘿嘿一笑说，首先纠正你一点，那不是鸡汤，是鲜汤馄饨，另外不管她喜不喜欢，跟你一点没有关系。他又补了句，你这叫皇帝不急急太监，淡吃萝卜咸操心。周围的同学觉得这两句话太有趣，都嘻嘻哈哈笑了。

一束辣泼泼的火苗忽地从胸中蹿起，你们真是是非不分了，拍马屁都拍到把锅子端到班主任办公桌上了，你们还不生气，还在笑我。不怪你们，你们没看到王苏金拍马屁的丑态，一旦知道，也会义愤填膺，正义的火山也会喷发的。

你们知道吗，我说，这个王苏金每天都给方老师送那个、好吃的东西，拍马屁拍得那个、太厉害了。由于气愤，我有点语无伦次。大伙也许没有听明白，有人喔了一声拉长声调说相信。没有我预期的那种效果，都太没有正义感了。我说的"每天都送"确实夸张了，大家反而不相信了。只有李小琳望着我，还在挤眼睛摇头。什么意思，难道我说错了吗。

王苏金还是不恼怒，他右手捏着鼻子往下扯，左手大拇指和食指托着两腮往上推，形成一种笑面狐的脸相。真是哭笑不得，人只要无耻，真拿他没有办法。我大声道，今天王苏金送了一锅点心给方老师吃，我亲眼看到的，拍马屁精。

李小琳小声说，人家外甥给舅妈送早点有什么大惊小怪的。好几个同学不明白，问道，什么外甥，谁是谁外甥。我大声说，什么外甥，孙子也不能这样。这句话一出来，王苏金发火了，你才是孙子呢，你是灰孙子。我也骂道，你是灰孙子的孙子。几个同学上来劝，一个同学对我说，方老师本来就是王苏金的舅妈。

我愣住了，什么，方老师是王苏金的舅妈。我看到李小琳对我在点头，一刹那我脑袋混沌一片，太不可思议，我脑袋忽然像开了一扇窗，混沌之气吹散了，一切都清亮了。王苏金为什么起初对我的攻击置之不理，故意激怒我，诱我上当，他是方老师的外甥呵。我上他的当了。刚才的表现真像傻瓜。我的心像个秤砣刷地沉了下来，我结结巴巴地问一句，外甥，这是什么时候的事。

王苏金调侃道，我一生下来就是，真不好意思，这事没经过你批准吧。几个同学听了哈哈大笑。我脑袋里的窗又关上了，里面烧起了一蓬火，我的额头上一根筋在扑扑跳动。我不能发怒，目前局面对我不利。

班主任是舅妈就是了不起。

事后李小琳告诉我，王苏金是方老师的外甥，好多人都知道，所以遇事大家都让他，你怎么一无所知。我说，我向来不喜欢打听人家的事情，不感兴趣。李小琳听了讪讪然，无语以答。其实她说得对，方老师教了我们将近三年，我和王苏金又天天相处在同班，我应该知道呵，可是真的没人告诉我，我自己也毫无察觉。我冲着李小琳说，你消息灵通，为什么不早点告诉我。李小琳说，你这人怪不怪，你冲我发什么火，再说你又没有问过我，吴林贵家里的事还不是我告诉你的。我说，那真得谢谢你。李小琳看不出我说这话是不是调侃她，一偏头不理我了。我不是对她发火，我是在生自己的气。先前我还瞧不起她，认为她是个打小报告的人，看来小报告还能起到大作用。

可怕的是三年来他们这种关系一直处于不为人知的状态，王苏金对全班同学来说，相当于潜伏特务。方老师不在时，我们的一举一动都通过王苏金的眼睛被她看见，更糟的是谁知道他在方老师面前会打什么小报告、戳什么壁角、告什么刁状。这突如其来的一道光，照亮之前不在意的记忆，好些事此刻恍然醒悟。譬如我看到傍晚时分方老师在王苏金的家里，我当时觉得她不像家访，像在聊天，今天才知道确实是亲戚家串门；王苏金为什么对学校里好多事情消息灵通，包括姚老师调动和其他老师的事情，消息源头原来就是方老师。更让我背上冒一层冷汗的是，当初听说方老师来接替姚老师当班主任，我跟王苏金说过对方老师不敬的话。我说过她在镇中心校出名就是对学生管得严，整天板着脸教训人，把学生管得服服帖帖，她简直能把班级办成少年犯管教所等等，那时我真是口无遮拦乱说一气。其实我听说方老师是很好的老师，是老模范，当时不知为什么会对王苏金乱说一气的，这些话如果传给方老师，她肯定对我不会有好印象。方老师初来一段时间对我的苛刻态度，我估计就是王苏金打小报告造成的。关于王苏金造谣我跟一个中学女生的事，方老师起先也当真的，后来虽然她帮我解释了，也是不痛不痒，对造谣者王苏金没有怎么样。

方老师作为一名优秀老师，应该对每个学生有公正的看法，不应该受王苏金小报告的影响。如果她听信小报告而对学生有成见的话，她再辛苦劳累也不是好教师。

方老师和王苏金竟是亲戚，两个人思想品德差距太大了，他们的亲戚关系长期隐蔽，对我们这些不知情的学生来说是不公平的。我现在想起来了，方老师从来不在班里批评王苏金，做作业时她经常站在王苏金身后看着，有时敲敲桌子提醒一下，耐心帮他讲解。在方老师的课上，王苏金表现最老实，即使不想听也端坐着。

方老师对自己外甥表面上没什么，其实她还是在暗中用心帮助他，只是这团稀泥实在太稀了，扶不上墙。

她作为舅妈能吃王苏金送去的早点吗，王苏金是她的学生，而不应该当成外甥，她既把他当学生又当外甥，她心安理得地吃了他的早点，她是把公私混淆了。

我是这么认为的。

两个多星期前交上去的作文簿发下来，原先小狗子坐的课桌前也放了一本。我上前去看，果然是小狗子的。他的作文簿封面污迹斑斑，感觉比别人的薄一点，可能被他撕掉过好几页。我翻到最后一篇，老师挑出了几个错别字，在一句意思不太明确的句子下画了一条红线，打了一个问号，最后还写上批阅日期。我看批阅日期，是小狗子已经关进去以后的。不知方老师批到这本作业簿时是什么样的心情，她批改的时候，知不知道小狗子再也看不到它了。

我把作文簿放回原处，这是小狗子留下的最后痕迹。但第二天它就消失了。小狗子在这个班级的痕迹一点也没有了。

即将毕业，这个班级就要各奔东西，每个人的痕迹都将消失。到了中学谁知道有几个同学碰在一起，也许有几个十几个，也许一个也没有。小狗子的人生道路是特殊的，就像开出轨道的列车，拐一个弯消失了。他会不会时常想起小学的一些往事，想起火车站，想起他的妹妹以及跟他玩耍过的伙伴。

我至今记得第一个学期报名时的情景，那时心里别提有多憋屈，现在想想竟觉得蛮有意思。一晃六年就要过去了，这所简陋的小学的一草一木、一砖一瓦，我闭上眼睛都能历历在目，离开它还真有些惆怅和不舍。

越是不愿去想的事情，越是会出现。那天有人说起的火车帮自行车相撞的事，我听过以后也忘了。后来传来比较可靠的消息，自行车相撞是确有其事，不可思议的是那辆车上正是大宋，后面坐的正是小瑾。这跟我当时闪过的念头竟是一样的，我感觉我是不是真有某种特异能力，而她的摔伤是不是跟我的意念有某种神秘的关联。

事故在小镇上传开了，有的学校还用它作为安全教育时举的例子。这起事故的后果是：小瑾一条腿轻度残疾。责任人应该是骑车的，就是骑车带她的男生大宋。

事情的过程是，那天先后五辆自行车一起行进，他们一路上说话、唱歌、追逐、打闹，有时并行，有时超越。小瑾坐的车和一辆正要超越的车相撞，一起摔倒，一辆车压在另一辆车上。小瑾在倒地时想用右脚支撑，但是没撑住，另一辆自行车连人带车压在她的腿上。她感到右脚踝疼痛，但稍稍坐了一会儿还是支撑起来。她察看小腿处擦破了一块皮，有些渗血，以为没有大碍，忍痛坐上车回家了。晚上她的右脚踝疼痛厉害，她找了一张止痛膏贴上。第二天，发现肿得厉害，脚疼得不能沾地。她写了请假条给班主任让同学捎去，她原以为休息两天会好的，可是脚踝的肿处发热、发红，并漫升到小腿上。

邻居家保姆是浙江农村妇女，懂点小单方，她调制了深棕色的黏黏的药膏给小瑾敷上，说不消三天就会好。三天后肿消了一点，她以为好了，可是脚板一沾地就钻心疼。她想再养几天，过两天看看不行,父母送她去医院,一拍片子,查出是脚踝骨折,由于没有及时上医院固定,已经长畸形了。她着急了,到城里的大医院去,医院说晚了。

小瑾走路不再像以前那样,一只右脚跨步时有些迟缓,走得慢时还不太明显,走得快时,就有点一瘸一拐,而奔跑她是做不到了。事实上她成了一个残疾人,虽然是轻度的。

听到这消息我说不清是什么心情,百味杂陈。我真的不希望此事真的发生在小瑾身上,当时恨她时希望她遇到倒霉的事,消解一下对我造成的心灵创痛,可是真遇上了,我觉得这个惩罚太重了。毕竟我们曾经是多好的朋友,我甚至还想过,这会不会是她背叛我的一种报应,如果真是的话,我愿意宽恕和原谅她。

我愣愣地坐在小弄堂边的水桥上,捡起地上的小石子一颗一颗丢进河里,看着一个接一个的涟漪消失。第一次在火车站小店里我遇见她时,她是那么可爱,在小书摊和她紧靠在一起看连环画的感受那么美好,她亮出的小照片,以及她拒绝送给我的整个过程都还历历在目,可是她那天走过时投来的冷漠目光也将我深深刺痛,这一切总是在我的脑子里一遍遍地重放,每放一次都让我心痛一次,每放一次都那么清晰生动,仿佛就在眼前。我的心情是复杂的,有意外、惊异、惋惜,也有那么一点点可耻的得意。

以后她怎么办,那个大宋,应该负全部责任,不管怎样应该娶了她。小瑾即使残疾了,嫁给大宋这种小瘪子也是可惜了,俗话说,有瑕疵的天鹅肉掉进了癞蛤蟆口里也是糟蹋了。还有一个办法,不能让他娶小瑾,叫大宋出钱把她的脚治好,彻底治好,倾家荡产也要叫他治,如果还有后遗症的话,让他补贴她的生活,补贴一辈子。

继而我想,如果她要跟我和好,我怎么办,如果她泪光盈盈认错了,我会不会心软,我能娶一个瘸腿的小瑾吗,将来会不会后悔。真的一时说不清楚。虽然这个问题不可能出现,我还是常常无来由地为它纠结。我明白,这是个影子都没有的事,胡思乱想它干什么,没准人家小瑾还不答应呢。问题是如果她答应,我愿意吗。

链接一:
火车开过的时候我们正靠在斑驳的墙上
我们是一群野性的孩子认认真真
一丝不苟我们看到火车开过
灰色的车厢火车让我们高兴

我们的家乡江西省丰城镇下雨之时
我们便待在家里
不会惊觉于任何声响
只是诚实地等待阳光明媚和火车开过的日子
我们是地道的中国孩子
生长在靠水又靠山的地方

我们就要喝上咖啡换上新装了
镇上是有火车开过铁路局的脸色沧桑
我们和似曾相识的行人点点头

我们对善良与平俗无动于衷

因为我们心儿高尚

　　　　　聂广友《火车开过的时候》

链接二：

　　外公跟我每周两次去南区的铁路博物馆，在那儿陈列的火车模型肯定使外公心醉，要不然他怎么受得了常常去呢。有时我们整天在城里的中心，参观完了博物馆，我们到附近的中央火车站看真正的火车冒着蒸汽驶来驶去。

　　博物馆的工作人员注意到了我这个小男孩对火车的狂热的兴趣，因此他们邀请我到博物馆的办公室，让我把姓名写在参观者签名本上。我决定长大以后要当铁路工程师。

　　　　　特朗斯特罗姆《记忆看见我》

尾声
我怕小瑾从窗口看到我，或者从楼道出来，
打招呼还是不打招呼，都很尴尬

  父亲的哥哥，我的大伯要从山东农村来，送棉花来，给即将入冬的我们做棉衣棉裤。老家盛产棉花，奶奶时常说她当年如何拾棉花的。我起初以为是把掉在地上的棉花拾起来，后来才明白，拾棉花就是我们这里的摘棉花。山东老家的棉花长得低矮，棉朵大而蓬松，弯腰用手指一撮就出来了。我们本地的棉花长得高，棉絮又湿又紧，棉铃要掰开才能将棉花撮出来。我对棉花没兴趣，我惦想的是山东的石榴。

  爸爸跟山东大伯写关于送棉花的信时，我一再提醒，别忘了他答应的大石榴。爸爸随口应允了，我看出他是靠不住的。在我心里石榴比棉花重要。

  当年大伯来时从包袱里掏出两只斑斓的大石榴，比大人的拳头还大，我第一次见到竟有这么漂亮的石榴，它们紫色、黄色和青色斑驳交融的色彩和硕大的个儿令我着迷。大伯看到我们这么喜欢，说这不是什么稀罕物，是自家院子的石榴树上的，出门时顺手揣了两只带着。他说，咱家的树上结得可多了，你们这么喜欢，下次来多带些。我和弟弟每人捧着一只，转来转去玩个够。我不舍得吃了它，在手里把玩了好久，还带到学校去显摆了一阵，

看到同学羡慕和嫉妒的目光，我好不得意，宏宝要我剥开吃掉，我没搭理。我剥开它，还不被你们都抢了吃光。弟弟拿到当天就吃了，他剥了一小捧饱满的籽粒给奶奶。奶奶放几颗在嘴里眼角闪烁了，她说这是老家后院那棵老石榴树上长的，另一棵靠河边的石榴树结的果要涩一点，说着抹了抹眼角。我把石榴倒来倒去玩了好几天，发现表皮渐渐发硬，硬得像武士的盔甲，才决定吃掉它。费了好大劲才把皮扒开。果粒我是一颗颗剥着吃的，吃着吃着没耐心，就一把一把往嘴里塞。我将一小半石榴掰给奶奶，奶奶摆摆手不要，我只好自己吃。弟弟在我身边转了两圈走了，他没有开口要，他不开口，我也不会主动送上去。说实话，味道没有想象中的好，甜中带酸，也许是搁得太久，又被那么多人摸过，味道变坏了。

　　再过五天父亲去火车站接大伯，我要求一起去，弟弟嚷着也要去，父亲竟一口答应。我们怕他反悔，逼他一连说了好几个肯定肯定。这几天里，弟弟每天起床第一件事就是撕掉一张日历，然后嘀咕一句还有几天。跟父亲去火车站对他来说是一件大事，我心里也有个期待，但没有他那么明显和强烈，毕竟我是一个见过世面的人。

　　这是一个清澈的黎明。父亲天没亮就出门了，没过多久骑着一辆哐哐响的黄鱼车来了。我和弟弟早就迎了出去，接大伯为什么要黄鱼车。父亲说，你们俩加一包棉花和大伯的行李，不用黄鱼车扛不动。我说，行呵，我来骑车吧。父亲四处张望，弟弟呢。我说，他刚刚还在，大概出去玩了，不要管他了。我想弟弟到了火车站还要看管着他，很烦的。父亲说，那不行，说好了一起去的，你去找找。我无奈地说，到哪儿去找呵。奶奶拔开嗓子喊弟弟，弟弟像兔子一样从邻居阿六头家窜出来。原来他看到有黄鱼车想叫阿六头一起去，结果阿六头的父亲不同意让他去。他丢下在家哭嚎的阿六头，一个箭步蹿上了黄鱼车。我责怪他没事找事，父亲也说了他几句。他说，我只是随便叫一声，知道他去不了的。他是故意显摆，引起阿六头的嫉妒，够坏的。父亲说，你们坐好，出发了。我对弟弟说，你坐坐好，出门要小心，像你这冒冒失失，是很危险的。弟弟哼了一声，翻了下白眼。

父亲一再叮嘱，到了火车站要听话，不能乱走乱跑。我和弟弟漫应着。黄鱼车在父亲的踩动下，缓缓向前，到了大街上速度加快了。父亲腰背前倾，他两条腿不像自己在踩，倒像两只车镫子带着它们飞动。

我希望父亲绕过棚户区，虽然从棚户区中间穿过去要近许多。我担心遇到那些伙伴，看到我坐在黄鱼车上会嬉笑我，他们不管我父亲在，会说出一些不合时宜的话。我坐着尽量低下头，不和路边的人打照面。黄鱼车还是穿行棚户区，在坑洼不平的小路上颠着，两边歪斜的房子紧紧地夹着这条路。父亲一路按铃，这个锈迹斑斑的车铃声音还是那么清亮悦耳，引得路边喝茶和抽烟的男人纷纷抬头看我们。好在没有遇到熟悉的人，只有一个女同学在啪啪啪扇着煤炉，她透过呛人的煤烟看了我一眼，在快要离开棚户区时，她又直起腰看了看我们。我们上了去火车站的路。棚户区的伙伴一个也没有碰上，他们都去哪儿了。

车速渐渐慢了下来，父亲的上身前倾得更低，坐在车上能感受到他每一蹬的使劲。父亲毕竟是坐办公室的，不是干体力的。

我想提出我来骑,他肯定不会答应的,因此我也不提了。父亲看看手表说时间还早,我们不急,慢慢走吧。他这是为掩饰自己的体力不足。父亲很少带我们兄弟俩一起出来,看来他今天很高兴,他这次巧妙地把接大伯的活儿变成了带我们出来游玩。

平时话不多的父亲,兴致一高就话多了。他喘着气出题目,问为什么火车头会呼呼地冒蒸汽,从山东老家到这儿经过哪些城市,火车是哪个国家发明的等等。对这种低级问题我不屑回答,我想父亲自己也未必知道答案,他只是没话找话聊聊而已。弟弟则不然,生怕被我抢在前面回答,不停抢答,每次回答基本就是一个笑话。有几次父亲和弟弟还就某个答案争执起来,让我当裁判,我说我也不清楚,结果不了了之。因为谁也不知道正确答案。

父亲又问,火车站一般都设在城市,为什么在这个小镇旁边设火车站。弟弟说,因为云翔镇是古老的镇。父亲问我,你说呢。我说,不清楚。父亲说,因为这儿有编组站,编组站非常重要的,来来往往的火车在这儿调度的。我心想,这些我老早知道了。

黄鱼车在碎石路上颠簸,哐当哐当响着,父亲的腰弯得更低,外衣的脊背上面出现一摊汗迹。父亲说话带着喘息,话渐渐少了,后来只听到他哼哧哼哧声。父亲说,快到了快到了。我知道,还有一段路呢,现在尖楼顶还看不到,照这个速度还得半个小时。

父亲后背上那摊汗迹将衣料紧紧粘贴在身上,并在逐渐漫延扩大。

这一路我太熟悉了。我对弟弟说,再过去是一座桥,名字很怪,叫羊肠河桥。弟弟说,是不是河里泡着羊肠厂的羊肠。我哭笑不得，什么脑子。父亲说，这条小河弯弯曲曲像羊肠，这是一种比喻。弟弟直着嗓子说，羊肠厂里的羊肠都直直地挂着，一点也不弯曲。我说，羊肠在羊肚子里也是直直的吗，笨。

车子从石桥上俯冲下去，风将父亲敞开的衬衣吹起来，像老鹰的翅膀。我指着一片篱笆围起来的场地说，里面有两排青砖房，平时很少有人进出，有人说，里面在试验一种秘密的配料，究竟是什么谁也不知道。

经过篱笆时，我们看到砖房前有三五个人在走动，一个农民模样的人扛着一只冒着热气的竹筐进屋。父亲嗅了嗅空气说，这应该是一家培植菌种的工场。我不禁佩服父亲，我想起有人说有一种神奇的叫920的菌种在这里培养。

父亲本想带我们出来见识一下，见见世面，一看就知道我对这里比他熟悉，他不吭声了。

站台的楼顶终于出现了，父亲来劲了，加快了速度，一路飞驰到了火车站。父亲把黄鱼车停在门边的冬青树丛边。弟弟跳下车异常兴奋，东瞧西看十分好奇。父亲叫我们不要乱走，他带我们进了候车厅，指着一块白底蓝字的告示说，你们要守规矩，不能擅自到站台上去。他让我们隔着大门玻璃看外面的站台，这太可笑了。说实话我还是第一次注意到这块小牌牌，这种牌牌你把它当回事真的傻了。父亲向一个穿铁路制服的人询问几句，转身对我们说，大伯的列车可能误点，我们要等一阵子。我对父亲说，我到门外去转转看看。

走出候车厅看到那幢米黄色楼房，我想起了小瑾，内心波动了一下。候车室里父亲还在跟检票员聊天，弟弟趴在检票口的铁栏杆上，朝外面张望。他第一次到火车站来，吓得不敢出门。可怜的弟弟，别看平时老是跟我叫板，骨子里还是胆小的。

我沿着花圃的青砖小路散步，它斜斜地伸向那幢米黄色的楼房。我来到楼前，楼前的花圃里稀稀拉拉种了些普通的花草，周围也不见人。我朝二楼东边的窗口瞧去，窗子敞开着，我连忙低头走了过去。我怕小瑾从窗口看到我，或者从楼道出来，是打招呼还是不打招呼，都很尴尬。

她可能还拄着拐杖。

我经过楼道，听到不远处有人说话，是个姑娘的声音，好像是小瑾。我不敢抬头看，加快脚步走了过去。远远地，月台上站了十几个人，父亲和弟弟也在，大概开始检票了。一个穿制服的人拿着小旗站在那儿，朝着铁轨的北端眺望。

我赶紧向站台跑去。

北方响起两声沉闷而冗长的汽笛，声音在远处又回响了一遍，一列绿皮火车隆隆驶进车站，应该是大伯坐的火车。我站在月台上，回望一眼那幢住着小瑾的米黄色楼房，它被这列即将进站的火车头喷出的浓浓蒸汽一下子淹没了……

链接一：

火车顺着路堤驰过落叶萧萧的森林，森林几乎看不见，而是听声音猜测出来的——根据车轮在森林深密处产生的急促的回声猜测出来的。仿佛由于飘着大粒雪花，空气变得冷飕飕的，吹到脸上有一种冻结了的树叶的气味。

帕乌斯托夫斯基《金蔷薇》

链接二：

这本小说的文字模糊，就像旧时火车上的玻璃窗户结满了水汽一样，雾气罩住了书页。这是个冬雨淅沥的夜晚，主人公走进小吃部，脱下潮湿的外衣，一股水汽顷刻裹住他的身躯。车站上传来一声长鸣，火车在雨水中闪烁着寒光的铁轨尽头消逝了。

卡尔维诺《如果在冬夜，一个旅人》

后记

那个小小的火车站时常出现在我的记忆里，但我从来没有写过它，甚至从来没有提及过它。不知为什么，是不是生怕它一经在笔下呈现，便会在我的心目中消失。

我有过这样的经验，某种东西原先在心中久久盘念，一经写成文字，我就顿感轻松，好像完成了夙愿，于是那念想便安然放下了。

多年前我和一位作家朋友聊天，谈起最近写什么，我脱口而出，写火车站。她说巧了，我也在写火车。我开玩笑地说我们会不会撞车。她说，不会的，我写的是一种小火车，是过去森林里的窄轨的那种。其实我当时就是么一说，只是觉得应该写火车站了，并没有想好怎么写。

那时我的工作正好调动到巡查组，经常要去几十公里外的街镇，工作重、压力大，我将自己状态调整过来，过了好久才动笔。

不久，我的朋友出手不凡，她的小火车拉响嘹亮的汽笛，从大森林里开出来，小说以精美构思和深刻涵义，赢得一片赞誉并斩获了一个个文学奖。

而我的老火车则在呼哧呼哧地慢慢行驶，磕磕绊绊、走走停停，花了两年多时间，总算在稿子的后面圈上一个句号。

稿子放进了电脑的文件夹里，迟迟不敢看它。每当我要写别的文字打开文档，它或是愁眉苦脸地望着我，或直眉竖眼地瞪着我，令我心虚。我常常装着没看到它，目光从它的上面掠过，装着赶紧去寻找那些急着要找的文字，然后羞愧地慌忙关上……

其间我也进行过多次修改，是那种添添加加、小修小补的。直到有一个偶然的机会，让我将小说稿给编辑看看。我有点紧张，这相当于一次相亲。我将《火车站》找出来，用挑剔和审视的目光看了它，觉得它长得还精神，就是应该减减肥，毕竟在电脑里待得太久了。我让它快速瘦身，文字也作了一些整饬和修饰，然后送进邮箱，打发它上路。

这是我继《水洼里的太阳》后的又一部少年成长小说。我不太清楚少年成长小说的定义，我想《麦田守望者》《德语课》《杀死一只知更鸟》以及《哈克贝里·芬历险记》等应该是吧，有人将《天使，望故乡》和《铁皮鼓》《追忆逝水年华》等也归入少年成长小说。我的好友张旻写过一部《成长是多么不容易》，是对儿子的成长过程的探索和反思。美国有部电视连续剧《成长的烦恼》，"不容易"和"烦恼"，似乎构成了少年成长小说的主题。我觉得每个少年的成长经历都是一场历险，我将少年成长比作是一次对危险区域的穿越。家庭、社会、环境、校园、交友、个人性格加上叛逆等因素，少年成长必然是一个复杂和难以预测的过程，这段经历之重要往往会影响人的一生。我常常想起一只只小角马，在父母的带领下穿越危机四伏的东非大草原的惊心动魄的场面。少年成长是一段最惊险刺激、最精彩纷呈、最变化莫测，因而也是最值得书写的人生经历。

德国作家西格弗里德·伦茨在《德语课》里写道：成长起来，

必须积累经验，没有一个孩子能不受害而获得这些经验的。我希望每个孩子在成长的过程中代价付出得越少越好。最后，感谢张旻、殷慧芬和顾惠文等好友对我的支持和帮助，感谢徐曙蕾女士在编辑工作中体现的专业和敬业精神。

在作品中我摘引了许多优秀作家的精彩文字，在此一并致以由衷地敬意和感谢。

2019 年 6 月 26 日

图书在版编目（CIP）数据

火车站 / 魏滨海著. ——上海：文汇出版社，2019.12
（新时期嘉定作家群文学丛书）
ISBN 978-7-5496-3033-2

Ⅰ.①火… Ⅱ.①魏… Ⅲ.①长篇小说－中国－当代
Ⅳ.① I247.5

中国版本图书馆 CIP 数据核字 (2019) 第 252273 号

火车站

著　　者　魏滨海
策　　划　朱耀华
责任编辑　徐曙蕾
装帧设计　张志全

出版发行　文汇出版社
　　　　　上海市威海路755号
　　　　　（邮政编码200041）

照　　排　南京理工出版信息技术有限公司
印刷装订　上海天地海设计印刷有限公司
版　　次　2019年12月第1版
印　　次　2019年12月第1次印刷
开　　本　890×1240 1/32
字　　数　185千
印　　张　8.625
印　　数　1-3000

ISBN 978-7-5496-3033-2
定　　价　　38.00元